유아교육현장에서의 문제기반 학습법

박남수
김동심
강은영
정애경
지음

Problem

Based

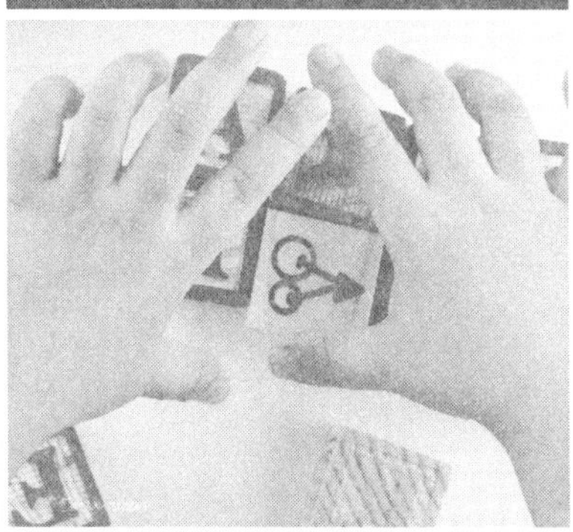

Learning

양성원

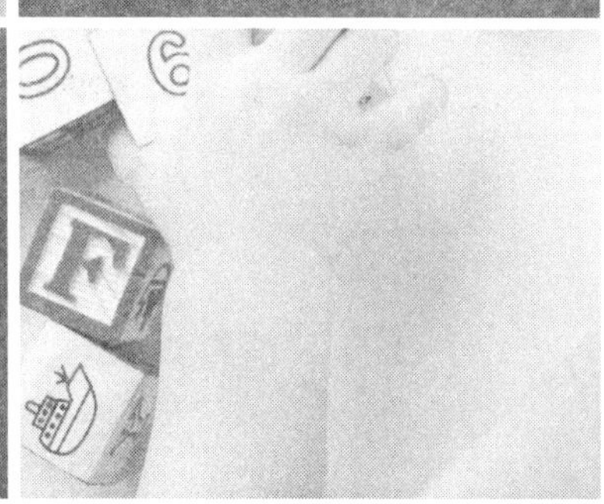

머리말

문제기반학습(Problem-Based Learning: 이하 PBL)은 다가올 4차 산업혁명의 미래사회 인재에게 가장 요구되는 복잡한 문제해결 역량을 향상시키는 효과적인 교육방법으로 주목받고 있습니다. PBL은 실제적인 상황에서의 문제제기로 시작되며, 학습자들이 그 문제를 해결하기 위한 소집단 내에서의 반복적인 탐구과정을 거치면서 해결안을 도출해 가는 교수학습방법입니다. 문제란 우리 삶에서 끊임없이 일어나며 현실세계에서 겪는 문제들은 해결하기 어렵고 복잡합니다. PBL은 이러한 문제를 해결하기 위해 비판적 사고, 판단 및 의사결정, 창의성, 공감능력, 대인관계능력 등의 다양한 능력을 필요로 하며 이는 미래인재역량을 증진시킬 수 있는 강점이 있습니다. PBL의 효과는 보건, 과학, 법률, 경영, 교육 등 다양한 학문분야뿐만 아니라 초·중등 및 대학 교육 및 기업교육 등 다양한 맥락과 분야에서 널리 활용되고 있으며 학습자중심의 구성주의 이론의 대표적인 교수학습방법으로서 자리매김되었습니다.

그러나 대부분의 PBL의 절차와 방법 및 선행연구들은 초 · 중등 및 성인을 대상으로 하고 있어 미래의 주역인 유아를 대상으로 하는 관련 자료들은 찾기가 힘든 현실입니다. 아마도 연령이 낮은 유아의 경우 팀을 기반으로 한 문제해결이 어려울 것이라 생각하기 때문일 것입니다. 하지만 실제 유아교육현장에서는 팀을 기반으로 하는 활동(Team-Based Learning)이나 프로젝트 접근(Project Approach) 활동을 통해 탐구학습과 문제해결학습을 많이 진행해 왔으며 유아기일수록 구성적이며 창의적인 문제해결을 합니다. PBL이라는 용어가 유아교육 분야에서는 생소하게 느껴질 수 있지만 사실은 유아교육현장에서 이전에 수업에 활용하였던 방법, 특히 아동중심 철학의 구성주의적 관점과 크게 다르지 않다는 것입니다. 따라서 본 서에 제시된 내용을 토대로 PBL의 절차 및 과정을 진행한다면 교사와 유아 모두 적용에 어려움이 없을 것이라 생각됩니다.

본 서는 유아교사 및 예비유아교사들이 실제 현장에서 PBL을 실행하기 위해 필요한 이론적 지식과 실제적 지식을 모두 담고 있습니다.

1부에서는 'PBL의 이해'로 PBL이란 무엇인지 설명하고 있으며, 이론적 배경 및 절차, PBL에서 교사와 유아의 역할에 대해 개괄적으로 설명하고 있습니다.

2부에서는 'PBL을 수업에 적용하기'로 유아교육 현장에서 PBL을 수업에 적용하는 방법에 대한 설명을 담고 있습니다. PBL의 절차에 따라 문제 개발 단계–수업 준비 단계–수업 실행 단계–수업 평가의 실행 과정으로 나누어 각 단계에서 교사의 역할을 구체적이고, 자세히 설명하고 있습니다.

3부에서는 'PBL 사례'로 수업과정에서 활동을 촉진하는 교사의 발문에 대한 구체적 예시와, 2부에서 제시하는 PBL 절차에 따른 실제 진행사례 4개를 담고 있습니다. PBL 사례는 누리과정에 기반한 수업계획안으로 구성되어 있으며, 유아교사 및 예비유아교사가 현장에서 바로 적용하여 사용할 수 있도록 구체적으로 작성되어 있습니다.

각 장의 마지막에는 유아교사 및 예비유아교사를 위한 활동을 수록하여 실제 적용에 대한 이해를 돕도록 하였습니다.

유아기의 교사 역할은 매우 중요합니다. 특히 변화무쌍한 미래사회를 이끌어갈 유아를 교육하기 위해서는 수준높은 교사의 역량을 필요로 하며 최근의 유아교육관련 연구들에서 예비유아교사의 역량 증진을 위한 다양한 연구들이 진행되고 있습니다. 본 서를 통해 예비유아교사의 역량이 증진되어 전문성 있는 유아교사로서 발돋움할 수 있기를 바라며, 유아는 끊임없는 호기심과 꿈을 키우고 그 꿈을 실현해 나아갈 수 있는 성인으로 성장해 가길 기대해 봅니다.

본 서는 저자들의 자료수집과 수업을 바탕으로 작성되었습니다. 3부 'PBL 사례'는 인천재능대학교 유아교육과 학생들의 산출물을 재구성한 것입니다. PBL 수업에 참여한 학생들에게 감사의 마음을 전하며, 내용상 부족한 부분은 보다 많은 유아교육현장에서의 PBL 수업 적용을 통해 지속적으로 발전시키고 보완할 계획입니다.

바쁜 일정에도 이 책의 출판에 도움을 주신 양성원 관계자 여러분과 묵묵히 지켜봐주며 도움을 주신 주위 분들께 감사의 마음을 전합니다.

2018년 2월

저자 일동

차례

1부 _ PBL의 이해

2부 _ PBL을 수업에 적용하기

3부 _ PBL 사례

1부

PBL의 이해

질문해 보기

❶ PBL이란 무엇일까요?
❷ PBL의 이론적 배경은 무엇일까요?
❸ PBL의 절차는 어떻게 되나요?
❹ PBL에서의 교사의 역할은 무엇일까요?
❺ PBL에서의 유아의 역할은 무엇일까요?

1장

미래교육과 문제기반학습법

시대적 요구에 따라 인재상은 늘 변화하고 있다. 다가올 4차 산업혁명의 미래사회는 인재상으로서 창의성 기반으로 한 다양한 역량을 요구하고 있으며, 이는 그동안의 수동적 학습자에서 능동적 학습자로의 변화로부터 시작할 수 있다. 매년 산업트랜드를 분석하여 발표하는 매킨지 보고서에 따르면, 미래사회는 예측하기 어려운 변동성(Volatility), 불확실성(Uncertainty), 복잡성(Complexity), 모호성(Ambiguity)의 특징(Ray, 2011; Ray, Mitchell, Avel, Phillips, Lawson, Hancock, Watson, & Weddle, 2012)을 가지고 있다. 이런 사회를 살아갈 창의성, 문제해결력 등을 갖춘 인재를 양성하기 위해 교육은 변화하여야 한다.

스스로 생각하고, 질문하고, 결정하는 교육 속에서 능동적 학습자는 자신의 정체성을 발견하고, 자신의 존재방식에 대해 확신을 가지는 하나의 자율적인 인간으로 거듭날 수 있다(김인식, 황원철, 2002). 능동적 학습을 통해 자율성이 발현된 인간이야말로 미래에서 요구하는 인재상이고, 이러한 미래사회에서 요구하고 있는 역량을 규명하기 위해 다양한 연구들이 수행되고 있다.

OECD는 DeSeCo(Definition and Selection of Competencies) 프로젝트를 통해 미래사회에서 개인이 반드시 갖추어야 하는 역량을 〈표 1-1〉과 같이 제시하였다. OECD는

12개국 정치, 경제, 사회 및 교육 등의 전문가들의 의견을 수렴하여 3가지 영역인 자율적 행동, 상호도구활용능력 및 상호작용능력으로 범주화하였다(OECD DeSeCo report, 2005). 이 프로젝트의 결과는 앞으로의 사회가 자율성을 가지고 타인과 협력하고, 도구를 효과적으로 사용할 수 있는 인재를 요구함을 확인할 수 있다.

〈표 1-1〉 DeSeCo의 핵심역량

범 주	정 의	핵심 역량
자율적 행동 (act autonomously)	- 주도적으로 자신의 생애를 계획하고 관리하며 책임이나 권익에 대해 인식함으로써 사회 속에서 자율적으로 행동할 수 있는 능력	- 넓은 시각(big picture)에서 행동하는 능력 - 인생의 계획과 개인적인 관계를 설정하고 실행하는 능력 - 자신의 권리, 관심, 한계, 욕구를 옹호하고 주장하는 능력
상호 도구활용 능력 (use tools interactively)	- 복잡하고 다양한 사회적 · 물리적 환경 속에서 목표달성을 위한 도구로서 언어, 상징, 문자, 지식과 정보, 기술을 효과적으로 사용할 수 있는 능력	- 원활한 상호작용을 위한 언어, 상징, 텍스트 활용능력 - 원활한 상호작용을 위한 지식, 정보 활용능력 - 원활한 상호작용을 위한 기술 사용능력
상호작용능력 (interact in heterogeneous groups)	- 이질적인 집단과 상호작용역량은 다원화된 사회에서 다양한 문화적 배경을 가진 사람들과 원만하게 관계를 맺고 협력하며 갈등을 관리하고 해결할 수 있는 능력	- 원활한 대인관계 형성 및 유지 능력 - 협동능력 - 갈등을 관리하고 해결하는 능력

미국의 커뮤니케이션 비영리단체인 Partnership for 21st Century Learning(P 21)에서는 [그림 1-1] 처럼 21세기 학습자가 갖추어야 하는 역량으로 생애 및 경력 개발 능력(life and career skills), 학습 및 혁신능력(learning and innovation skills) 및 정보 · 미디어 · 테크놀로지 능력(information, media and technology skills)으로 구분하였다. 첫째, 생애 및 경력 개발 능력은 융통성과 적응성, 자기주도성, 사회 및 문화상호성, 생산

성과 책무성 및 리더십과 책임을 포함하고 있고, 둘째, 학습 및 혁신능력은 비판적 사고력과 문제해결력, 의사소통 및 협동과 창의성과 혁신성을 요구하며, 셋째, 정보・미디어・테크놀로지 능력은 정보 리터러시, 미디어 리터러시 및 ICT 리터러시로 구성되어 있다.

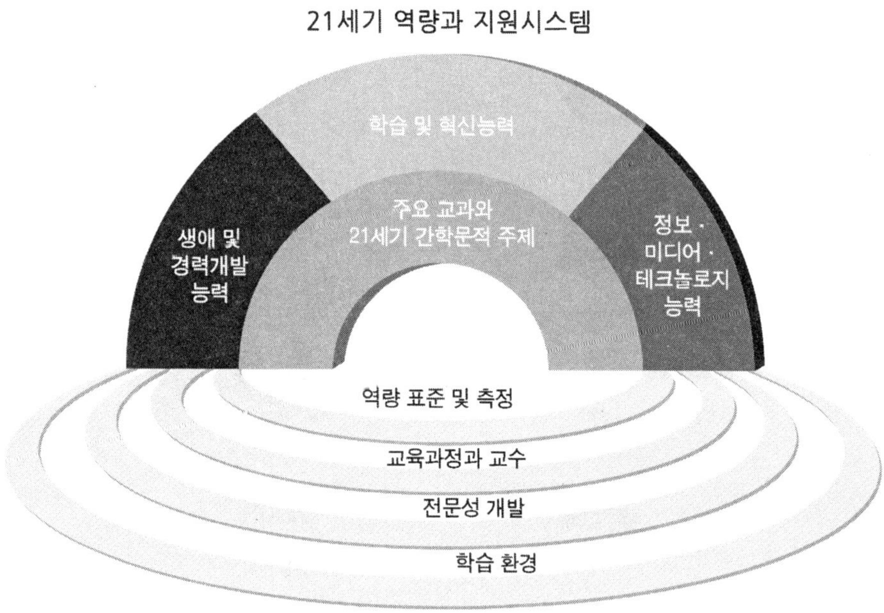

[그림 1-1] 21세기 학습자의 역량

출처: www.p21.org

세계경제포럼(World Economic Forum, 2016)에서 2020년 미래의 직업에서 갖추어야 하는 기술을 전 세계 글로벌기업의 인사 담당자와 전략기획담당자에게 물은 결과, [그림 1-2]와 같은 10가지 기술을 언급하였다. 복잡한 문제해결력, 비판적 사고력, 창의력, 인적자원 관리, 협업, 감정지능, 판단 및 의사결정, 서비스 지향성, 협상 및 인지적 유연성이다. 인지적 영역에서는 문제해결력, 창의성, 비판적 사고력이 강조되었다면, 나머지는 사회정서적 기술이다.

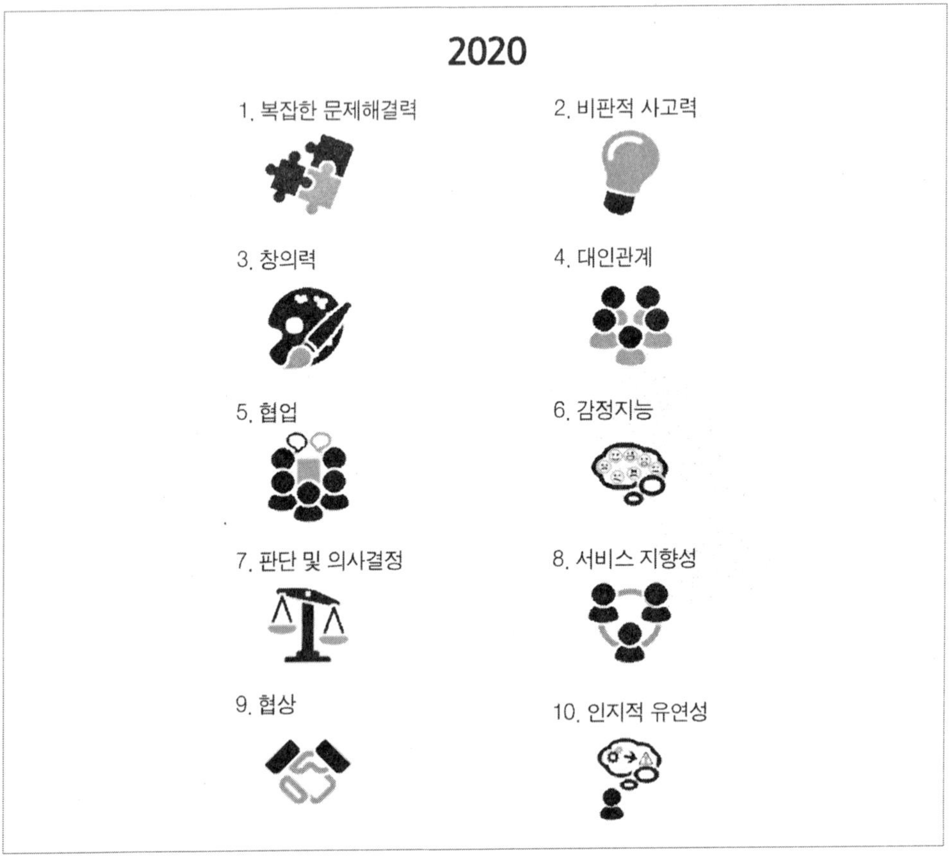

[그림 1-2] 2020년 직업에서 갖추어야 하는 기술

특히, 복잡한 문제해결력은 미래인재가 가져야 할 가장 중요한 기술이며 이를 향상시키기 위한 교육방법으로 문제기반학습법(Problem Based Learning: PBL)이 관심 받고 있다.

미래교육이 요구하는 역량을 가진 인재를 육성하기 위해서는 기존의 교수자 주도의 일방향적인 강의식 교육에서 벗어나야 한다. 즉 학습자에게 학습과정에서의 자율성을 부여하고, 협력의 과정을 통해 창의성을 기르고, 다양한 도구를 활용하여 학습의 성과를 높일 수 있도록 교육이 변화하여야 한다.

이러한 변화의 모습은 세계 여러 나라뿐만 아니라 우리나라에서도 교육현장에 PBL이 초등학교부터 대학, 성인을 대상으로 폭넓게 적용되고 있다. 2016년 EBS에서 방영된 '21세기 교육 패러다임 세계의 PBL'[1]이라는 프로그램에서는 뉴질랜드, 독일, 덴마크, 몽골, 미국, 이탈리아, 홍콩 등에서 실제 교육현장에서 사용하고 있는 다양한 PBL의 사례를 소개하고 있다. 방송에서의 사례들을 살펴보면, PBL을 경험하고 있는 학습자는 실생활에서의 문제를 해결하는 과정을 통해 스스로 지식을 구성하고 실생활에 필요한 기술과 능력을 성장시키며, 문제해결 과정에 몰입하면서 즐거워하는 모습을 보여주고 있다.

한 예로 Charter School of Morgan Hill(모건힐 차터 학교)은 4~5학년(10~11세)을 대상으로 역사, 미술, 엔지니어, 수학, 컴퓨터 등의 교과목을 융합하여, 미국 역사의 원주민인 인디언에 대해 학습하여 박물관을 만드는 Native American Museum Research Project(인디언 박물관 조사 프로젝트)를 진행하여 인디언에 대한 편견과 의식을 개선하는 PBL을 실행하였다. 5학년은 미국에 살고 있던 원주민인 인디언 세 부족의 집, 생활도구, 의복, 음식 등을 조사하여 '인디언 집짓기', '인디언 가족 인터뷰', '인디언 종교의식' 등의 실제 인디언을 이해할 수 있는 작품을 만들어 전시하였다.

4학년은 PBL 문제의 난이도를 낮춰 미국에 살고 있는 원주민인 인디언 부족의 종류를 조사하는 문제를 제시하여 그 결과를 발표하게 하였다. 4, 5학년 학습자들은 현실의 문제를 교과통합으로 해결하는 과정에서 적극적으로 수업에 참여하였고, 창의적인 문제해결을 제시하여 지역과 함께 문제인식을 개선하는 데 노력하였다.

이러한 PBL의 문제는 현실의 문제를 파악하여 문제인식을 함께 공유하여 창의적으로 해결함으로써 보다 더 적극적이고 능동적인 학습자로 만듦과 동시에 복잡한 사회적 문제를 나, 우리, 지역과 함께 해결해 나갈 수 있는 가능성을 보여주고 있다.

---

1) 2016년 8월부터 11월까지 방영된 20부작 프로그램으로, EBS홈페이지에서 시청 가능

[그림 1-3] **인디언프로젝트 성과물**

출처: http://fifthgradewitandwhimsy.blogspot.kr/2013/09/native-american-museum-project.html

세상은 문제로 구성되어 있다(Jonassen, 2000). PBL에서의 문제는 지식을 배우기 위해 만들어진 허구의 문제가 아니라, 세상과 밀접한 문제이며, 학습자는 이를 해결한다. 문제를 해결한다는 의미는 문제를 정의하고, 해결방법을 타인과 함께 조사하고 협력하여야 한다. 이때 학습자는 커뮤니케이션능력, 의사결정능력, 창의적 능력, 공감능력 등이 필요하다. 이러한 능력은 앞서 밝힌 2020년 직업에서 갖춰야 할 기술을 모두 포함하고 있으므로 교육현장에서 적극적으로 도입하여야 할 교육방법 중 하나임에 틀림없다.

2장

PBL의 개념 및 배경

PBL은 맥마스터(McMaster) 의과대학에서 혁신적 교육접근 방법의 일환으로 시작되었다. 1971년부터 1980년까지 맥마스터 의과대학의 교수였던 Barrows는 PBL을 기존 교육의 비현실성, 부실성 등의 문제와 기하급수적으로 늘어나는 지식을 체제적으로 교육하기 위한 하나의 교수학습방법으로 적용하였다. 일방향적으로 이루어진 기존의 지식전달 교수학습방법과 달리, PBL은 학습자중심으로 실제 적용 가능한 문제를 해결하는 과정을 통해 학습이 이루어짐으로써 학습자의 동기를 지속적으로 이끌어 낼 수 있는 장점이 있다. 현재는 보건, 과학, 법률, 경영, 교육 등 다양한 학문분야 뿐만 아니라 초・중등 및 대학 교육 및 기업교육 등 다양한 맥락과 분야에서 널리 활용되고 있다(강명희, 송윤희, 박성희, 2008). 처음에 PBL은 강력한 교수학습방법의 하나로만 다루어졌다. 그러나 다양한 연구들에서 밝혀진 바와 같이, PBL의 이론적 배경은 학습자 중심의 구성주의[2]적 교육의 목표와 방향을 근간으로 한다(〈표 1-2〉 참조). 또한 PBL의 특징인 자기주도적 학습과 협동학습은 구성주

2) Dewey(1916), Piaget(1972), Vygotsky(1978), Bruner(1990) 등에 의해 발전된 이론으로 학습자중심으로 사전 경험을 바탕으로 새로운 지식을 구성하는 학습이론

Barrows Howard

의의 이론을 표방하고 있기 때문에 PBL은 구성주의 학습이론의 대표적인 교수학습방법으로 자리매김하였다.

Barrows(1985)는 PBL을 실제적이고 상황적인 문제를 가지고 소집단 내에서 문제해결을 위한 과정을 거치면서 해결하는 교수학습방법으로 정의하였다. 점차 PBL이 적용되는 영역과 대상이 확산되며 다양한 맥락에서 사용됨에 따라 많은 학자에 의해 여러 의미로 정의되고 있다(〈표 1-3〉 참조).

그러나 PBL에 대한 다양한 정의는 공통되는 용어와 개념은 '실제적인 문제', '자기주도', '문제해결'을 포함하고 있다. 따라서 본 교재에서는 PBL을 이런 개념을 총합하여, 현실 세계의 실제적인 문제를 학습자가 주도적으로 해결하는 교수학습방법으로 정의한다.

〈표 1-2〉 **구성주의 관련 내용**

구 분	개 념	내 용
구성주의의 지식관 (박인우, 1996)	- 지식은 인식의 주체에 의해 구성된다.	- 객관적 지식은 존재하지 않으며, 모든 지식은 인식의 주체인 개인에 의해 주관적으로 구성됨. 개인이 수동적으로 지식을 받아 들이는 것이 아니라, 능동적으로 지식을 구성함
	- 지식은 맥락적이다.	- 지식이 습득된 상황, 개인이 소유한 선수 지식 등에 의해 다르게 학습되고, 따라서 전이의 정도도 맥락에 따라 차이가 있음
	- 지식은 사회적 협상을 통해 형성된다.	- 지식은 타인과의 상호작용 속에서 타당성이 검토되어 형성됨

구 분	개 념	내 용
구성주의의 학습 (양영선, 1994)	- 학습은 지식의 구성과정으로, 정보 해석을 통해 이루어진다.	- 효과적인 학습은 학습자의 의도, 자기 관리 조정, 정교화, 표상적인 구성화에 달려 있음 - 교수자는 학습자가 지식을 구성과정을 자극하고, 지식 구성을 위한 전략을 제공해야 함
	- 학습은 기존 지식에 의존한다.	- 새로운 지식에 형성을 위해서 현재의 지식을 학습자가 사용하는데, 스스로의 경험이나 능력을 학습에 투입하는지는 개인차가 큼 - 교수자는 학습자가 지적인 질문에 몰두할 수 있도록 해야 함
	- 학습이 일어나는 상황을 고려해야 한다.	- 지식은 지적 · 물리적 · 사회 맥락적 상황과 함께 고려되어 형성됨
구성주의의 수업원리 (Savery & Duffy, 1995)	- 학습은 큰 문제를 중심으로 이루어진나.	- 문제를 해결하는 과전을 통헤 힉습자는 성장할 수 있는 기회를 제공받을 수 있음
	- 학습은 학습자 주도적으로 이루어진다.	- 학습이 학습자가 주도적으로 이끌어 나갈 수 있는 기회가 제공되어야 함
	- 학습은 실제적 문제를 다루어야 한다.	- 학습은 학습자의 요구와 일치하여 진행될 수 있어야 함

〈표 1-3〉 문제기반학습법(PBL)의 정의

학 자	정 의
Walton과 Mathews(1989)	- 제시된 상황을 통하여 문제점들을 발견하고, 그 해결을 통하여 필요한 지식, 기술 또는 태도를 배움으로써 앞으로 이와 유사한 상황에 대처할 수 있도록 하는 학습방법
Scheiman, Whittaker 및 Dell(1989)	- 복잡한 실제 세계의 맥락 속에서 비구조화된 문제를 제시하여 의미 있는 해결방법을 찾아내게 함으로써 교과지식과 기술뿐만 아니라 문제해결전략을 동시에 가르치는 교육과정이며 교수전략
Allbanese와` Mitchell(1993)	- 학습자가 문제해결 기술, 기초 과학 및 임상과학에 대한 지식을 배우도록 하는 맥락으로서 환자 문제를 사용하는 것을 특징으로 하는 교수 방법
Schmidt(1993)	- 학습자들이 교수자(Learning Tutor)의 관리하에 소집단으로 문제를 다루는 교수학습의 접근
Finkle와 Torp(1995)	- 학습자들이 비구조적인 문제상황에 직면하여 능동적인 문제해결자로서 학문적 지적기반과 현실 세계의 문제를 풀어감으로써 문제해결 전략을 학습과정 중에 발휘하는 것
Levin(2001)	- 학습자가 현실 세계 문제와 이슈에 대한 내용지식, 비판적 사고, 문제해결 기술을 적용하도록 장려하는 교수방법
Eggen과 Kauchak(2001)	- 문제해결 기술과 내용을 가르치고 자기주도적 학습을 위하여 설계된 교수전략
Torp와 Sage(2002)	- 복잡한 실생활에서 일어날 수 있는 문제들에 대한 연구와 해결에 초점을 맞추는 경험 학습

활동 1

✤ 내가 만들어 보는 PBL정의는?

PBL은

이다.

3장

PBL의 특성 및 핵심요소

1. PBL의 특성

PBL을 보다 잘 이해하기 위해서는 〈표 1-4〉와 같이 전통적 교육과의 비교를 통해 차이를 인식하는 것이 필요하다. 전통적 교육이 교수자중심의 일방향적으로 이루어져, 지식에 대해 아는지 모르는지에 대한 평가가 주되게 이루어졌다. 이에 반해 PBL은 학습자 중심으로 교사와의 상호작용을 통해 교육이 이루어지며, 지식형성 과정에 대한 평가가 이루어진다는 큰 차이를 보이고 있다.

〈표 1-4〉 전통적 교육과 PBL의 비교

구 분	전통적 교육	PBL
내용	주제 중심	문제 중심
주체	교수자	학습자
학습 방법	강의	토론 및 자율학습
학급	대그룹	소그룹

구 분	전통적 교육	PBL
학습 계획	교과목별 독립	통합
평가 내용	학습 내용	지식 형성과정이 추가
평가 방법	필기시험	태도 관찰이 추가

출처: 김용진 외(2000). PBL의 이론과 실제. 한국의학교육. p.2.

Barrows(1996)는 PBL의 특성을 다음 [그림 1-4]와 같이 정리하면서 PBL를 통한 장점을 언급하였다. 학습자중심으로 이루어지기 때문에 학습자는 학습에 대한 권한을 부여받았다고 느끼게 된다. 이는 학습자가 교육의 주도권을 가지고 있기 때문에 교육의 성과를 향상시키는 데 큰 영향을 미치게 되는 계기로 작용할 수 있다. 또한 소그룹으로 진행되는 학습활동을 통해 앞으로 살아갈 사회적 환경 속에서 타인에 대한 다양한 시각을 이해함과 동시에 보다 질 높은 문제해결을 할 수 있다. 교수자는 학습자중심으로 수업이 진행되기 때문에 교수설계자로서의 역할을 보다 강력히 요구받는다. 문제에 대해 자신이 정보탐색, 가설설정, 가설적용 등의 과정을 스스로 이끌어 가야 하는 학습자는 능동적 학습자로 변화된다.

첫째, 학습은 학습자중심으로 이루어진다.
둘째, 학습은 소그룹으로 진행한다.
셋째, 교수자는 퍼실리테이터 또는 튜터의 역할을 한다.
넷째, 새로운 정보는 자기주도학습을 통해 얻는다.

[그림 1-4] PBL의 특성

2. PBL의 핵심요소

PBL은 단순히 문제를 제시하고 해결하는 학습을 뜻하지 않는다. PBL이라고 말하기 위해서는 구성하는 요소들이 있으며 Larmer와 Mergendoller(2010)는 다양한 실제 사례를 종합하여 다음과 같이 핵심요소를 7가지로 정리하였다.

핵심요소로 ① 알아야 할 필요가 있는 것(A Need to Know), ② 탐구할 수 있는 질문(A Driving Question), ③ 학습자의 목소리와 선택(Student Voice and Choice), ④ 21세기 역량(21st Century Skills), ⑤ 탐구와 혁신(Inquiry and Innovation), ⑥ 피드백과 개선(Feedback and Revision), ⑦ 공개 산출물(A Publicly Presented Product)을 언급하였다.

그리나 2012년 Larmer와 Mergendoller는 현장 교사들의 의견을 반영하여 의미 있는 콘텐츠(Significant content)를 추가하여 핵심요소를 8가지로 수정하였다. 그와 동시에 각 핵심요소를 보다 구체적으로 제시하였다. ① 의미 있는 콘텐츠(Meaningful content), ② 알아야 할 필요가 있는 것(A Need to Know), ③ 탐구할 수 있는 질문(A Driving Question), ④ 학습자의 목소리와 선택(Student Voice and Choice), ⑤ 21세기 역량(21st Century Skills), ⑥ 심층 탐구(In-Depth Inquiry), ⑦ 비평과 개선(Critique and Revision), ⑧ 대중 공개(Public Audience)이다.

수정된 핵심요소를 살펴보면, PBL에서 교사는 문제해결을 위해서 의미 있는 콘텐츠를 제공해야 하며 학습자는 심도 깊은 탐구과정을 겪어야 한다. 또한 교사와 다른 학습자 또는 동료학습자는 학습자의 탐구결과에 비평을 하여 좀 더 나은 결과로 개선할 수 있게 지원해야 한다. 이를 통해 학습자는 다양한 의견을 수용하여 인지적인 지식과 정보를 습득할 수 있고 그렇게 수정된 결과는 대중에게 공개하여 공유하고 지식과 과정을 나눌 수 있어야 한다.

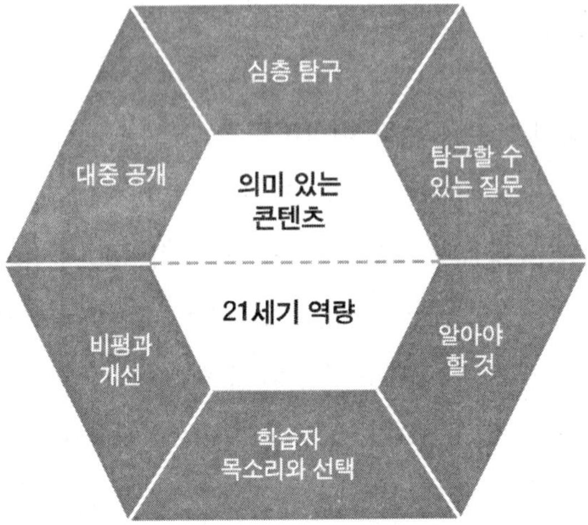

[그림 1-5] PBL의 핵심요소

출처: Larmer & Mergendoller(2012).

PBL에 대한 관심이 증가하면서, 실제 학교현장에서 교사의 PBL에 대한 교육이 제대로 이루어지지 않은 채로 PBL을 진행하는 교사가 기하급수적으로 늘어났다. 그 결과, PBL의 사례로 언급되고 있는 것들이 실제로는 PBL이 아니라는 문제점이 발견되기 시작하였다. 따라서 Larmer와 Mergendoller(2015)은 보다 교사가 쉽게 PBL을 익힐 수 있게 현장기반의 핵심요소를 재정비하여 '골드 스탠다드 PBL(Gold Standard PBL)'을 발표하였다. 변화된 핵심요소 8가지는 다음 〈표 1-5〉와 같다.

〈표 1-5〉 PBL의 핵심요소 변화

2010	2012	2015
	의미 있는 콘텐츠	실제성
알아야 할 필요가 있는 것	알아야 할 필요가 있는 것	
탐구할 수 있는 질문	탐구할 수 있는 질문	도전적인 문제 또는 질문
학습자의 목소리와 선택	학습자의 목소리와 선택	학습자의 목소리와 선택
21세기 역량	21세기 역량	핵심지식, 이해 및 성공 기술
탐구와 혁신	심층 탐구	지속적 탐구
		성찰
피드백과 개선	비평과 개선	비평과 개선
공개 산출물	대중 공개	공개 산출물

[그림 1-6] 골드 스탠다드 PBL

출처: Larmer & Mergendoller(2015).

첫째, PBL의 중심에 있는 핵심요소는 학습자의 핵심지식, 이해 및 성공 기술(Key Knowledge, Understanding, and Success Skills)이다. PBL을 통해 학습자는 비판적 사고, 문제해결력, 의사소통, 협업 및 자기관리 등과 같은 기술을 함양시킬 수 있다.

둘째, PBL은 도전적인 문제 또는 질문(Challenging Problem or Question)으로 구성된다. 학습자 수준에 맞는 의미 있는 문제 또는 질문을 구성하여, 학습자 스스로가 도전하고 싶다는 생각이 들 수 있도록 해야 한다.

셋째, PBL은 지속적 탐구(Sustained Inquiry)이다. 학습의 과정을 통해 학생이 스스로 질문하고, 지식을 찾고, 정보를 적용하게 되어 기존의 학생보다 능동적으로 학습활동을 할 수 있다.

넷째, PBL은 실제성(Authenticity)을 가지고 있다. 문제 자체가 학생의 현실세계의 관심, 흥미, 이슈 등과 관련되어 있고, 이를 해결하기 위해서 학습자는 실질적인 도구를 사용하고, 사회적 기준 및 영향력 등을 고려한다.

다섯째, PBL은 학습자의 목소리와 선택(Student Voice and Choice)으로 이루어진다. 학습자중심의 구성주의적 관점의 PBL 과정에서 학습자가 어떻게 학습의 과정을 이끌어 나가고, 어떤 방향으로 진행시켜 나갈지에 대한 결정은 오롯이 학습자에게 있다.

여섯째, PBL은 성찰(Reflection)을 통해 발전한다. 학습자는 PBL의 결과물, 효과, 어려움 등이 무엇이었는지, 어떻게 극복하였는지 등에 대해 다시 되돌아보는 시간을 통해 성장할 수 있다. 학습자뿐 아니라 이들을 지도하는 교사 또한 PBL을 통한 성찰의 과정을 통해서 교수(teaching)역량 향상과 교사로서의 성장을 도모할 수 있는 기회가 될 수 있을 것이다.

일곱째, PBL은 비평과 개선(Critique and Revision)의 과정을 거친다. 학습자는 PBL의 과정에서 서로의 결과물에 대한 피드백을 동등한 학습자 간에 주고받는다. 학습자 간 교류는 학습 전반에 대해 더 많은 해결과정을 살펴볼 수 있는 기회와 학습에 대한 책임감과 주인의식을 가질 수 있는 기회를 제공할 수 있다. 반복적으로 이루어지는 이 과정을 통해 학습자는 스스로의 결과물을 개선할 수 있다.

여덟째, PBL은 산출물(Public Product)을 공개한다. 학습자에게는 최종 결과물을 내부뿐만 아니라 외부 사람에게 설명하고, 전시하고, 발표하는 과정을 요구된다. 이를 통해 발표력, 논리력, 설득력, 창의성, 의사소통능력 등을 종합적으로 함양시킬 수 있다.

교육현장에서 PBL을 활용하기 위한 다양한 시도가 있고, 이는 이론과 현장 사이의 교류를 만들어 내고 있다. 이처럼 PBL은 과거의 것이 아닌 현재 진행형으로 발전하고 있는 교수학습 방법의 하나로 앞으로 다양한 교육현장에서 활용될 것이다.

활동 2

✤ 내가 만들어 보는 PBL의 핵심요소는?

1.

2.

3.

4.

5.

6.

7.

8.

<이미지화 해보기>

4장

PBL의 과정

교육적 맥락에 따라서 학자별로 PBL 과정은 작은 차이가 있으나, 일반적으로 [그림 1-7]과 같은 순서를 따른다. ① 현실세계를 기반으로 한 문제를 확인하고, 팀별 활동을 통해 대략적으로 문제에 대한 생각과 의견을 도출한다. ② 이를 기반으로, 팀원의 역할분담, 일정관리 등의 계획을 수립한다. ③ 각자 맡은 문제해결을 위한 자료수집의 역할을 수행하고, ④ 그룹별로 문제해결안을 도출한다. ⑤ 문제해결 방안을 발표하고, ⑥ 개별 및 그룹별로 과정에 대한 평가를 수행한다.

① 문제확인 및 생각 도출 문제확인 및 해결가안 도출	② 팀 계획 수립(해결하기 위한 질문 선정, 조사방법 선정, 역할 분담, 일정관리 등)	③ 개별학습 (자료수집)	④ 팀 문제해결 (의견수합 및 정리)	⑤ 문제해결안발표 (수정 및 재설계)	⑥ 평가

[그림 1-7] PBL의 과정

PBL의 기반을 마련한 Barrows와 Myers(1993)는 다음 〈표 1-6〉과 같이 PBL의 과정을 설명하고 있다. 새로운 수업의 시작에서는 교수자가 PBL이 이전 수업과는 다른 방식으로 진행되는 과정을 설명하고, 5명 정도의 소그룹을 구성한 뒤, 수업을 도와줄 수 있는 튜터를 배정하는 등의 수업분위기를 조성한다. 새로운 문제의 제시에서는 실제 문제를 제시하고, 이를 이해한 학습자들이 문제해결을 위한 다양한 가설을 만든다. 그 후, 학습자는 다양한 가설을 보다 구체적인 현실적 해결안으로 구성하기 위한 실제 자료를 수집한다. 이 과정을 통해서 해결방안을 정리하고, 각자의 역할을 분담하고 실천 계획을 마련한다. 각자 맡은 바 역할을 수행하는 개별활동이 끝난 이후에는 팀별로 해결방안을 정리하여 발표할 수 있는 기회를 제공한다. 그 이후에는 배운 것을 정리하고, PBL 학습과정을 통해 본인이 배운 내용, 팀원 간의 협동 과정을 통해 배운 점 등을 확인할 수 있는 평가의 시간을 갖는다.

Barrows의 PBL 과정은 의과대학에 적용한 성인대상의 학습과정이므로 유치원과 초등학생에게 적용된 과정을 살펴볼 필요가 있다.

〈표 1-6〉 PBL의 과정

<table>
<tr><th>구 분</th><th>내 용</th></tr>
<tr><td>새로운 수업의 시작</td><td>1. 수업 소개
2. 수업분위기 조성</td></tr>
<tr><td>새로운 문제의 제시</td><td>1. 문제 제시
2. 문제에 대한 중요성 지각하기
3. 최종 과제물, 활동 안내
4. 팀 구성 후 팀별활동
<table>
<tr><th>생각(가설)</th><th>사실</th><th>학습과제</th><th>실천 계획</th></tr>
<tr><td>문제해결을 위한 가안 만들기</td><td>만들어진 가설을 뒷받침할 정보를 수집</td><td>문제해결을 위해 알아야 할 내용 및 조사해야 할 것 정리</td><td>학습 과제 수행을 위한 구체적인 실천계획 수립</td></tr>
</table>
5. 문제에 대한 추론 전략
<table>
<tr><th>생각(가설)</th><th>사실</th><th>학습과제</th><th>실천 계획</th></tr>
<tr><td>확대/집중</td><td>종합/재종합</td><td>확인/정당화</td><td>계획 세우기</td></tr>
</table>
6. 가능한 해결방안에 대한 정리(비록 많은 것을 학습해야 하더라도)
7. 학습과제를 구체화 및 분담
8. 학습자료 확인
9. 다음 차시 계획</td></tr>
<tr><td>문제 후속 단계</td><td>1. 활용된 학습자료에 대한 비판
2. 문제 재평가
<table>
<tr><th>생각(가설)</th><th>사실</th><th>학습과제</th><th>실천 계획</th></tr>
<tr><td>수정</td><td>새 지식 적용/재통합</td><td>(필요한 경우) 새로운 규명</td><td>결정을 재 설계</td></tr>
</table></td></tr>
<tr><td>결과물 제시 및 발표</td><td>- 또 다른 학습문제 발견 전까지 계속 반복(1~3주)</td></tr>
<tr><td>문제에 대한 결론 이후</td><td>1. 학습한 지식의 요약 및 종합
2. 자아평가(동료평가 후)
- 문제해결과정에 대한 논리적 사고
- 적합한 학습자료를 선정하여 필요한 지식과 정보를 수집
- 그룹원과의 협조 과정
- 새로운 지식 습득 및 심화 학습 정도</td></tr>
</table>

출처: Barrows & Myers(1993) 재구성.

IMSA(Illinois Mathematics & Science Academy, 1996)에서는 K-16(유치원부터 대학교를 졸업할 때까지의 교육기간)에 적용할 수 있도록 PBL 과정을 8단계로 제시하고 있다. ① 학생 준비시키기, ② 문제 만나기, ③ 알고 있는 것, 알아야 할 것, 아이디어 찾기, ④ 문제 진술하기, ⑤ 정보 수집 및 공유하기, ⑥ 가능한 해결책 만들기, ⑦ 최적의 해결책 결정하기, ⑧ 해결책 발표 및 반성하기 단계를 제안하고 있다. Schmidt(1983)은 7단계의 PBL 과정을 ① 문제와 관련된 개념 명확하게 하기, ② 문제 정의, ③ 문제 분석, ④ 아이디어를 체계적으로 정리하고 심층적으로 고려하기, ⑤ 개별 문제해결 방안 정리, ⑥ 그룹 문제해결 방안 정리, ⑦ 문제해결 공유로 언급하고 있다.

국내에서는 조연순(2006)은 ① 문제만나기, ② 문제해결 계획 세우기, ③ 탐색 및 재탐색하기, ④ 해결책 고안하기, ⑤ 발표 및 평가하기의 5단계를 제안하여 초등학생부터 대학생까지 PBL 수업을 효과적으로 교사가 운영할 수 있게 제시하고 있다. 강인애, 정준환, 정득년(2007)은 ① 문제 제시, ② 과제 수행, ③ 발표 및 평가의 3단계로 제시하여 PBL 단계를 간소화하였다. 최정임, 장경원(2015)은 ① 문제 제시, ② 문제 확인, ③ 문제해결을 위한 자료 수집, ④ 문제 재확인 및 해결안 도출, ⑤ 문제해결안 발표, ⑥ 학습결과 정리 및 평가의 순서로 PBL의 단계를 제시하였다.

학자마다 PBL 과정을 상이하게 논의하고 있지만 공통적으로 ① 문제 제시, ② 문제해결을 위한 활동단계, ③ 문제해결 발표 및 평가단계를 제시하고 있다. 이러한 3단계는 학습자 대상의 특성과 연령에 맞춰 세분화하여 보다 구체적으로 제시될 수 있다. 따라서 본 교재에서는 유아의 특성을 고려하여, ① 문제제시, ② 문제해결을 위한 사전활동, ③ 문제해결을 위한 전개활동, ④ 문제해결안 정리 및 발표로 구분하고 있다.

이 외에도 Torp와 Sage(2002)는 PBL 과정을 유아부터 성인학습자까지 적용할 수 있게 절차를 발표하였다. ① 여러 가지 문제 가능성 식별(identify multiple possiblities), ② PBL 학습 개발(develop the PBL learning adventure), ③ 교수와 학습 지도안 개발

(build the teaching and learning templete), ④ 교수와 학습 코칭(coach teaching and learning), ⑤ 수업 내에서의 주요한 활동(embeded essential events)의 5단계 과정을 제시하고 있다. Torp와 Sagc(2002)의 PBL 과정은 설계단계와 적용단계로 구분되어 있고, PBL을 준비하고 실행하기 위한 교사의 역할을 단계마다 잘 정리하고 있어 초보교사도 쉽게 따라할 수 있다. 또한 유아에게도 적용 가능한 과정을 제시하고 있으며, 특히 교사가 가장 어려워하는 문제개발 단계에서 아이디어 착안방법을 보여주고 있다는 장점이 있다.

이 과정에서의 교사의 구체적인 역할은 다음과 같다. PBL 설계단계에서는 문제를 발견하여 아이디어를 통해 문제를 개발한다. 문제를 개발할 때에는 문제해결안과 연결하여야 한다. 문제가 개발되면 수업 실행을 위한 준비활동을 하는데, 구체적으로 보면, PBL 활동계획안, 수업자료 개발, 평가를 개발한다.

PBL 실행단계가 되면 학생들을 학습 준비시킨 이후에 계획한 수업절차대로 진행한다. 수업의 절차는 ① 문제 만나기, ② 소그룹에서 문제 파악하기(알고 있는 것, 알아야 할 것 등), ③ 문제 해결할 조사 방법 결정하기, ④ 개별적으로 조사한 것을 나누고 모으기, ⑤ 문제해결안을 적용하기, ⑥ 문제해결안을 발표하기, ⑦ 문제해결안을 보고하기로 진행한다. 이 과정은 한번으로 끝나는 것이 아니라 필요에 의해 반복될 수 있다. 또한 교사는 개인과 소그룹의 문제해결을 코칭을 하면서 즉시적인 적절한 설명과 함께 주기적인 평가를 통해 학습자들이 문제해결안을 도출할 수 있도록 상호작용해야 한다.

그러나 Torp와 Sage(2002)의 PBL 과정에서 유아의 후행활동을 통한 성찰활동이 생략되어 있기 때문에 유아교육 현장과 유아의 특성을 고려하여 [그림 1-8]과 같이 제시하고자 한다. 또한 유아교육 현장에서 단계별로 쉽게 적용할 수 있게 과정을 간소화하고 용어를 직관적으로 수정하였다.

유아교육현장에서의 PBL 과정은 ① 문제 발견, ② 문제 개발, ③ 수업 준비, ④ 수업 실행, ⑤ 후행활동과 평가 단계로 이루어진다. 각 단계마다 유아교사의 역할은 발견하기, 결정하기/(방식)결정하기/개발하기, 확정짓기, 문제만나기/문제탐색하기/조사 · 탐구하기/문제해결안 적용해보기/문제해결안 발표하기, 후행활동하기/유아평가/교사평가 및 학부모 평가를 통해 PBL 수업을 계획하고 실행 및 평가한다. 각 단계별의 구체적인 내용은 2부에서 다루도록 한다.

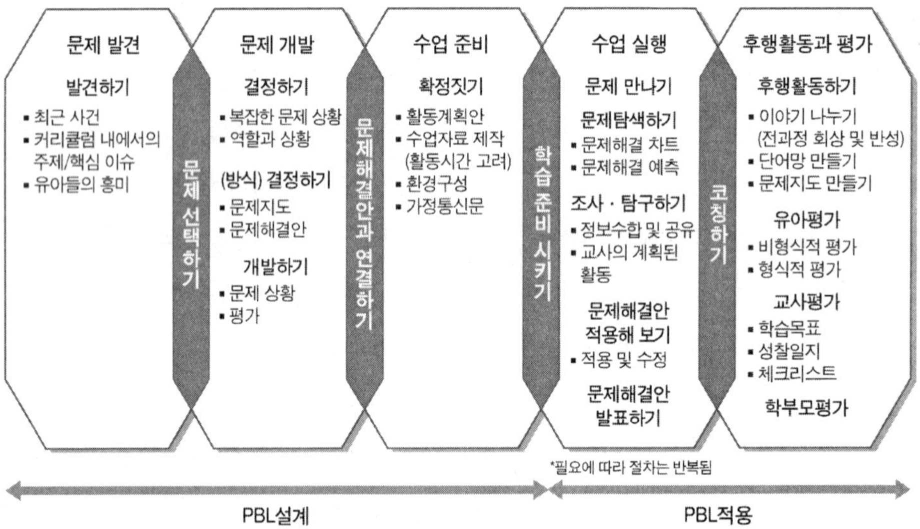

[그림 1-8] 유아교육 현장에서의 PBL 과정

출처: Torp & Sage(2002)를 재구성.

5장

PBL에서의 교수자와 학습자

전통적 교육과 다르게 운영되고 있는 PBL은 교수자와 학습자 모두가 이제까지와는 다른 역할을 요구받는다. 교수자는 지식전달자에서 학습자가 학습을 끌어갈 수 있게 해주는 보조자(퍼실리테이터, 개인지도를 해 주는 튜터)로서의 역할이 강조된다. 다시 말해 이 전의 교수자는 학습자에게 강의나 읽을거리를 제공하고, 주어진 정보에 기초한 정해진 과정을 통해 학습자가 학습할 수 있도록 모든 과정을 주도하는 지식전달자 역할을 하고 있었다. 그러나 PBL은 교수자는 학습자가 문제를 더 잘 이해하고, 성공적으로 문제를 해결할 수 있도록 학습을 촉진하는 보조자로서의 변화된 모습이 요구되고 있다. 학습자 또한 일방적 지식수용자에서 문제해결자로서의 학습을 주도적으로 이끌어 가는 역할이 요구된다.

1. 교수자의 역할

PBL의 성공적 운영을 위해 교수자는 전통적 교육과 달리 기존 강의식 수업보다 운영을 위한 더 많은 준비와 노력이 필요하다. 특히 교수자의 경험과 능력에 따라

PBL의 성과가 차이가 나타나기 때문에 교수자는 PBL 과정 속에서 자신 역할의 중요함을 상기하여야 한다.

장정아(2005)는 PBL 과정 속에서 교수자의 역할에 대해 다음 〈표 1-7〉과 같이 제시하였다. 학습자가 문제해결을 하는 과정이 잘 이루어지게 질문하고, 참여를 유도하고, 관계를 조정하는 역할은 이제까지 교수자의 역할에서 주요한 것이 아니었으나 PBL에서는 학습과정에서 가장 주된 교수자의 역할로 언급된다.

〈표 1-7〉 **PBL에서 교수자의 역할**

PBL 과정	교수자의 역할
초기 활동	- 생소한 수업 내용 및 방법에 대한 소개 - 허용적인 분위기 형성 - 학습자와 교수자의 역할 안내
문제 제시 및 문제에 대한 접근	- 학습자의 학습을 촉진하기 위한 질문 - 학습자의 교육적 난점을 진단 및 중재 - 학습자의 고른 참여 유도 - 학습자의 학습속도와 수준을 조절 - 그룹 내 대인관계 조정을 유도
문제에서 요구하는 학습내용 추론	
자기주도학습의 수행	
문제해결을 위한 새로운 지식 적용 및 문제해결 계획에 대한 반추	
문제의 해결안 작성	
문제의 해결안에 대한 요약 및 종합정리	- 학습내용에 대한 정리

출처: 장정아. (2005). 문제기반학습 실행을 위한 교수자 역할에 대한 이론적 탐색. 교육발전연구 2(1). p.119.

이외에도 최정임, 장경원(2015)은 교수설계자, 학습촉진자 및 학습결과 평가자로 교수자의 역할을 언급하였다. 새로운 교수학습방법을 이해하고, 기존의 교육내용을 제공하기 위한 교수설계자이자, 학습자의 필요를 점검하고 적절한 도움을 제공하는 학습촉진자이며, 학습과정과 문제해결에 대한 합당성을 평가할 수 있는 학습결과 평가자가 되기 위해서는 교수자도 자신의 역할 변화에 대한 철저한 준비가 필요함을 강조하였다. 백은주(2017)는 구체적으로 유아과학교육에서의 교사의 역할을 관찰자, 제시자, 질문자, 환경구성자 및 참여자로 구분하였다.

PBL은 이제까지의 교수자의 역할에서 상당히 큰 변화를 요구하고 있다. 따라서 변화를 거부하는 일부 교수자도 있을 수 있으나, 앞으로 미래의 교육에서 교수자의 변화된 역할은 더욱 더 강조될 것이며, 이는 자기주도적인 창의적 학습자를 육성하기 위한 밑거름이 될 것이다. 특히 앞으로 미래사회에서 요구하는 인재는 인지, 정서, 사회적 역량을 강조하고 있어 교사는 학습자가 다양한 영역에 대한 경험을 통해 이를 기를 수 있노록 뒷받침 해주어야 한다.

활동 3

✤ 내가 생각하는 PBL에서 유아 교수자의 역할은?

1. ______________________________

이유: ______________________________

2. ______________________________

이유: ______________________________

3. ______________________________

이유: ______________________________

2. 학습자의 역할

학습자는 기존의 수동성을 가진 학습자에서 변화하여 적극적으로 자신의 학습을 스스로 이끌어 나가야 하는 역할을 부여받는다. 전통적 교육방식이 익숙한 학습자에게 이런 역할 변화는 교수자와 마찬가지로 초반에는 적응의 어려움을 겪게 할 수 있다. 실제로 김용진, 강복수, 이충기, 박정한(2000)에 따르면, PBL 교육을 실제 교육현장에서 적용하기 어려운 점으로 학생들의 토론 능력 부족이 주요하게 언급되고 있다. 그러나 앞으로의 사회는 창의적 인재를 요구하고 있는 만큼 PBL를 비롯한 다양한 교육방법을 통해 자율성이라는 인간 본연의 욕구를 즐길 수 있는 학습자 주도적 교육의 기회를 제공받은 학습자는 주도적이고 창의적인 학습자로 발돋움할 수 있을 것이다.

따라서 PBL에서 학습자는 높은 자기조절학습(Self-regulated learning)을 갖추어야 한다. 자기조절학습이란 학생이나 유아 개개인이 학문적 과제를 해결하기 위해 행동·동기·인지를 행동적·목표 지향적으로 스스로 통제하는 과정이다. 높은 자기조절학습을 가지고 있는 학습자는 스스로 학습과정에서 메타인지적·동기적·행동적 활동을 한다. 메타인지적 측면에서는 학습목표를 달성하기 위한 계획, 점검, 평가 등을 지속적으로 하며, 동기적 측면으로는 학습과정에 대한 높은 자율성을 가지고 참여하며, 행동적 측면으로는 자신의 학습방법과 학습과정을 파악하여 적절하게 학습을 한다(Zimmerman, 1986). PBL에서는 문제를 해결하기 위한 학습의 과정의 총체적 관리를 할 수 있는 학습자를 필요로 한다. [그림 1-9]의 순환적인 자기조절학습의 과정을 통해 함양되는 자기조절학습으로 PBL 과정을 학습자가 수행할 수 있어야 한다.

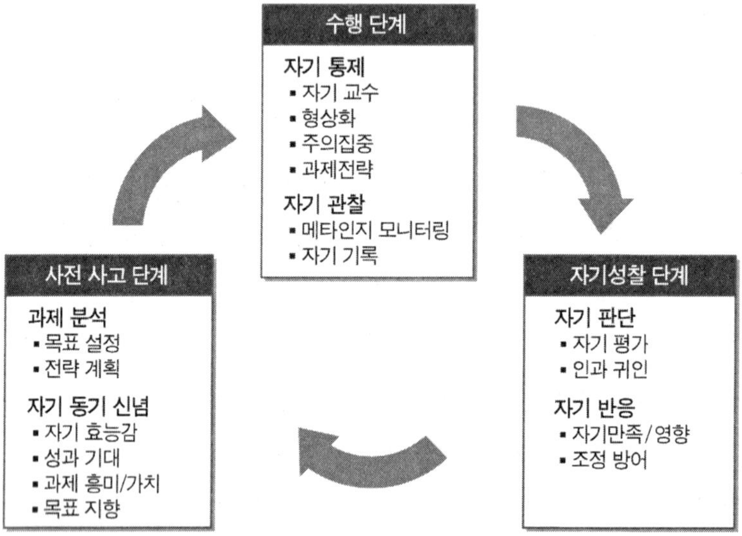

[그림 1-9] 자기조절학습의 과정

출처: Zimmerman, B. J(2008). p.178.

이와 동시에 학습자는 협력적 자기조절학습(co-regulated learning)도 갖추어야 한다. 협력적 자기조절학습은 문제를 해결하기 위해 다른 학습자와의 상호작용을 통하여 협력하는 과정에서 각 개인의 자기조절학습이 점차 집단의 맥락으로 정교화되는 적응과정을 의미한다(Hadwin & Oshige, 2011). 소그룹으로 이루어지는 PBL에서 협력의 과정은 필수불가결한 것으로 이를 통해 학습자는 성장할 수 있다. 자기조절학습은 선천적인 것이 아니고, 훈련과 교육을 통해서만 길러질 수 있는 부분이기 때문에 PBL의 과정 속에서 자기조절학습이 발산됨과 동시에 함양될 수 있을 것이다.

최근 유아교육현장에서는 학습과 관련된 사회적 기술의 중요성이 대두되고 있다. 학습관련 사회적 기술은 학습성취도와 학교나 유치원 적응력을 예측하는 변인으로서 자기조절학습은 학습과 관련된 사회적 기술 중 하나이다. 자기조절학습은 유아기에 필수적으로 습득해야 할 학습능력 중 하나로 관심받고 있으며(McClelland, 2002,

2006), PBL에서 요구되는 학습자의 역할은 유아들에게 학습관련 사회적 기술과 자기조절 학습능력을 향상시킬 것으로 기대된다.

3. 유아교육에서의 교수자와 학습자의 역할

이제까지 살펴본 내용은 PBL에서 요구하는 일반적 교수자와 학습자의 역할이다. PBL이 학습과정이 익숙하지 않은 유아에게 적용되기 위해서는 교수자의 세심한 역할이 보다 강조된다. 먼저, 유아기는 급격한 인지적 성장과 언어발달, 정보의 효율적인 처리로 인한 기억이 발달하는 특징을 가진다. 또한 정신적 표상에 의한 사고와 상징을 사용하며, 특히 언어로서 상징을 표현한다. 유아기의 언어능력은 다른 사람들과 소통이 자유롭고 기억능력이 크게 향상되어 기억 용량이 증가하며 재인과 회상능력이 발달한다. 그러나 유아의 기억은 체계적이지 못하고 부정확한 경우가 있으므로 PBL 과정 내에서 교수자의 발문을 통해 유아의 내재된 표상을 언어로서 적극적으로 표현하여 지식을 재구성하도록 촉진해야 한다.

또한 유아기의 사회정서발달 특성은 대인관계의 폭도 넓어지고 다양한 교류가 일어나는 시기이다. 아직 자기중심적 사고를 하는 시기이므로 자기주장을 관철하기 위해 언어 표현을 많이 하며 정서 지속시간이 짧고 정서표현의 변화도 매우 급격하다. 지속시간이 짧은 만큼 자주 정서를 표현하고 정서표현이 강렬하다. 또한 자기통제능력이 만 4세에 형성되지만 양육자의 양육방식에 따라 차이를 가진다는 특징을 가지고 있다. 그러나 PBL은 팀기반 활동으로 유아의 이런 특성이 학습과정에 있어서 방해요소로 다가올 수 있다. 따라서 교수자는 주의 깊게 유아들의 사회정서표현을 확인하고 개입하여 조정해 주어야 한다.

교수자의 적절한 발문과 사회정서행동에 있어서의 개입을 통해 유아는 PBL이라는 이제까지와 다른 방법으로 학습을 수행함에 있어 도움을 얻을 수 있다. PBL을 통해 보다 고차원적 사고를 할 수 있는 창의적 인재로 성장하는 발판이 유아에게 제공되어 얻을 수 있는 효과를 다음 장에서 확인하고자 한다.

6장

유아교육에서의 PBL 적용과 성과

1. 유아교육에서 PBL 적용

이제까지 유아교육에서의 PBL은 유아교육 현장에서의 활용보다는, 주로 예비 유아교사를 대상으로 PBL을 적용한 교사교육에 초점을 맞추어져왔다. 실제로 의과대학을 중심으로 한 PBL의 모형을 그대로 유아교육에서도 적용하는 기초적인 단계로, PBL을 활용하기 위한 토대를 만들어나가는 과정에 있다(서혜정, 서영숙, 김진숙, 2010).

국내에서 이루어진 유아교육에서의 PBL에 대한 연구를 〈표 1-8〉과 같이 살펴보면, 'PBL을 적용한 예비 유아교사 교육'과 'PBL을 적용한 유아교육 현장'으로 구분된다. 2000년대 후반에는 예비 유아교사를 위한 수업모형 개발에 초점이 맞추어졌다면, 2010년대 들어서면서부터 예비 유아교사에게 PBL을 적용한 효과를 양적・질적으로 살펴보고 있는 추세이다. 이외에도 PBL을 적용한 유아교육 현장에서의 연구는 일부이긴 하지만, 실질적 유아의 긍정적 교육성과를 거두는 것이 확인되었다.

〈표 1-8〉 국내 유아교육에서의 PBL 관련 연구

구 분	저 자	주 제
PBL 적용한 예비 유아교사 교육	남궁선혜, 임진형(2006)	- 유아예비교사를 위한 교과교육론 PBL 수업설계 적용 연구
	최봉선(2007)	- PBL 수업이 유아예비교사의 자기주도 학습에 미치는 영향
	서혜정(2010)	- 유아교사들의 대학수업 경험을 통한 유아교육전공 실무 능력 향상 PBL 수업모형 개발
	김선구, 이대균(2011)	- 예비 유아교사의 유아과학교육을 위한 PBL 교수학습 모형의 개발 및 효과
	김선구, 이현정(2011)	- PBL 교수학습을 적용한 예비 유아교사를 위한 유아과학교육 수업의 효과
	노진형(2011)	- 유아과학교육 강좌에서 PBL에 대한 예비교사의 경험
	강문숙, 박수홍, 김두규(2012)	- 예비 유아교사의 문제해결력 증진을 위한 블렌디드 PBL 프로그램 개발
	서혜정(2012)	- 예비 유아교사의 PBL 수업체험에 관한 현상학적 연구
	임진형, 박은혜(2012)	- 유아교원 양성과정에서 PBL 적용 실행과정 탐색
	이명순(2013)	- 유아교사 양성을 위한 교수법 찾기
	우경애, 김세곤(2014)	- PBL 적용수업에서 예비 유아교사의 SNS 활용이 플로우(FLOW)와 문제해결력에 미치는 영향
	강현경(2015)	- 유아생활지도 교과목에서의 PBL의 적용 효과
	고지민, 서혜정(2016)	- PBL 기반 유아사회교육 교과목 운영에서 예비교사의 협력학습에 대한 질적 연구
	김성희(2016)	- PBL 기반 유아과학교육이 예비 유아교사의 과학적 태도, 과학교수 효능감, 문제해결능력에 미치는 효과
	백은주(2016)	- 누리과정 내용의 PBL 유아과학교육 수업에 참여한 예비 유아교사의 과학교수 효능감 및 태도
	우경애, 김세곤(2016)	- 예비 유아교사를 위한 SNS 활용 PBL 프로그램 개발 및 효과성 검증
	나지연(2017)	- PBL 수업이 예비 유아교사의 교사효능감에 미치는 영향

구 분	저 자	주 제
	우경애, 김세곤(2017)	- PBL 수업에서 지기효능감과 SNS 활용이 예비 유아교사의 자기주도학습 역량과 문제해결력에 미치는 영향에 대한 연구
PBL을 적용한 유아교육 현장	최봉선(2009)	- PBL 기반 구성주의적 유아교육프로그램의 개발연구
	김희수, 김지연(2012)	- 유아 수학에 대한 모둠별 문제중심 학습전략이 유아의 자기효능감과 학습흥미에 미치는 효과
	이지륜, 박찬옥(2015)	- PBL을 활용한 과학활동이 유아의 과학관련 태도와 문제해결력에 미치는 영향

국외에서는 미국 Ohio 주에 있는 Hathaway Brown School의 유아교육 과정에서 PBL을 적극적으로 활용하고 있나. 유아교육에서 PBL을 활용하기 위해서는 유아가 관심을 가질 수 있는 실용적 주제를 선정하는 것이 중요함을 강조한다. 유아임에도 불구하고 그들이 한 번 관심을 가지고 집중하게 되면 훌륭한 문제해결 학습자가 될 수 있음을 다수의 PBL 적용 수업을 통해 확신하였다. Alabama에 있는 Auburn Early Education Center에서도 유아교육에서의 PBL 활용을 적극 권장하면서, 평생학습시대의 우수한 학습자로 육성하기 위한 토대를 유아교육에서 문제해결의 과정을 스스로 실행하면서 처음으로 배울 수 있다고 언급하였다.

IMSA(Illinois Mathematics & Science Academy)에서는 유아교육 과정 중 언어와 과학영역에 도입하고 있다. 언어영역에서는 유아는 많은 책들 없이 교실에서 교사의 발언을 흘려듣는다. 교사와 함께 유아는 문제를 분석하고 책을 수집하고 조직하여 해법을 제시한다. 이때 유아는 도서관을 이용하고 그룹 활동을 통해 분류하기, 그래프 그리기, 알파벳 나열하기 활동을 한다. 과학영역에서는 교사는 유아들이 침습성 곤충들이 유치원 정원의 나뭇잎을 먹는 현상을 주목하는 것부터 문제를 시작한다. 또는 유아가 정원에서 모든 식물과 건강하고 이로운 곤충이 번창할 수 있도록 적절한 행동을 발견하고 알아내게 하며, 유아는 단순 먹이연쇄, 식물구조와 식물 생애주기를 배운다.

국내외적으로 아직 유아교육에서의 PBL이 폭넓게 적용되고 있지는 않지만, 조금씩 도입의 물결이 일어나고 있다. 송윤나, 박희숙(2017)이 4차 산업혁명과 관련되어 유아교육 현장에서 이루어지고 있는 교육을 살펴본 결과, 창의성 활동 다음으로 자기주도적 학습과 함께 문제해결학습이 이루어지고 있는 것이 확인되었다. 또한 PBL 관련 교사연수에 대한 높은 요구와 참여가 확인되고 있다. 앞으로 유아교육 현장에서의 PBL의 확산은 머지않은 미래에 실현될 것이 자명하다.

2. 유아교육에서 PBL 적용의 성과

유아교육에서의 PBL 적용은 현재까지는 주로 대학에서 예비 유아교사를 대상으로 이루어지고 있다. 보통 한 학기 동안 교과 혹은 교육학중심으로 수업이 이루어지고 있다. 다양한 과목과 접목하여 이루어지고 있는 PBL 적용 수업은 창의적 인재육성과 교육의 질 확보를 위해 확대되고 있는 추세이다. 주로 적용되고 있는 과목의 특성은 다음과 같다.

첫째, 교과교육중심으로 이루어지고 있다. 유아과학교육(김선구, 이대균, 2011; 김선구, 이현정, 2011; 노진형, 2011), 유아사회교육(우경애, 김세곤. 2014; 임진형, 박은혜, 2012), 유아수학교육(서혜정, 2012; 이명순, 2013)이 그 예이다. 대부분의 교육과정이 과학, 사회 및 수학을 중심으로 PBL을 익히고, 교육현장에서 실행하고 있는 다양한 PBL 사례를 접하고, 실제 PBL 수업을 개발하는 것으로 한 학기 수업이 구성되고 있다.

둘째, 교육학을 중심으로 교재교구연구 및 지도법(나지연, 2017), 교과교육론(남궁선혜,

임진형, 2006), 교육방법 및 교육공학(강문숙, 박수홍, 김두규, 2012) 등과 같은 과목에서 시도되고 있다. 이들의 교육과정 또한 PBL에 대한 개념을 알고, 다양한 사례를 반복하여 다루고, 실제 현장에서 적용할 수업을 개발하고 있다. 교육학 중심의 PBL은 다양한 교과를 융합하여 통합적으로 살펴본다는 교과교육과의 차별성을 지니고 있다.

이처럼 예비 유아교사를 대상으로 PBL 적용 교과가 확대되고 있는 것은 다음 〈표 1-9〉와 같은 교육의 성과가 나타나고 있기 때문이다. 실제로 한 대학에서 'PBL 학습법'이라는 교과목으로 한 학기 동안 PBL에 대해 학습한 학습자들의 성찰일지를 통해 예비 유아교사를 대상으로 PBL 교육을 적용한 효과를 교수역량 증진, 교사 자신의 문제해결력 향상, 커뮤니케이션 스킬과 협력기술이 함양으로 확인되고 있다.

첫째, 교사로서의 예비 유아교사의 교수(teaching)역량이 증진된다. 교사의 교수역량과 관련된 지식은 교과지식(content knowledge)을 포함하여 가르치는 것에 대한 교수지식(pedagogical knowledge) 및 테크놀로지 활용에 대한 테크놀로지지식(technology knowledge)으로 구분된다(Koehler & Mishra, 2009). PBL을 알고, 적용하는 것은 교수지식과 관련된다. 한 학기 동안 PBL을 이해한 예비 유아교사는 교수역량이 증진될 수 있다. 실제로 PBL 수업에 참여한 예비유아교사의 교사 자신이 학생의 성취에 영향을 끼칠 수 있는 능력을 갖고 있다고 믿는 정도인 교사효능감(Ashton, 1984; Gibson & Dembo, 1984)이 향상되었음을 확인할 수 있었다(백은주, 2016).

둘째, 예비 유아교사 자신의 문제해결력이 향상된다. 문제해결력은 인지전략이나 창의적 사고력, 비판적 사고력 같은 고차원적인 인지능력들을 활용하여 주어진 문제와 연관되어 있는 장애요소를 극복함으로써 바람직한 목표 상태에 도달하기 위한 일련의 사고과정이다(강문숙, 박수홍, 김두규, 2012). 문제해결력은 21세기 사회를 성공적으로 살아가는 데 요구되는 역량들 가운데 새로운 지식과 가치를 창안해 낼 수 있는 창조적 인간형성을 위해 요구되는 핵심역량(주영주, 김동심, 2015)으로, 현실 세계의 문제를 다루는 PBL을 통해 실제 문제를 개발하고, 학습자의 사고과정을 이끄는 과정을 통해 증진될 수 있다.

〈표 1-9〉 예비 유아교사의 효과에 대한 인식

구 분	효과에 대한 인식
교수역량	- 내가 유치원교사가 되어, 교육적 효과를 거둘 수 있는 다양한 수업방법 중 하나인 PBL을 한 학기 동안 배웠다. PBL을 통해, 동료교사들과의 협력으로 신임교사로서의 부담감을 떨쳐버릴 수 있다는 자신감이 생겼다.
	- PBL을 통해 유아를 대상으로 한 교육에서 보다 깊이 있는 학습의 가능성을 발견하였다. 실제 현장에 나가서 적용해 보고 싶다는 생각이 강렬하게 든다.
	- 수업목표를 세우고, 목표에 도달하기 위한 전략을 마련하는 과정이 PBL을 통해 자신감이 생겼다.
문제해결력	- 문제해결을 위한 과정이나 방향에 대해 한 학기 동안 익숙해졌다.
	- 문제를 해결하는 과정에서 독창적인 해결방안을 만들려고 노력하고 고민하는 스스로를 보면서 대견스러웠다. 이런 성취감을 아이들에게도 심어주고 싶다.
커뮤니케이션 스킬과 협력기술 등	- 나는 문제가 발생했을 때, 혼자 해결하려는 경향이 있다. PBL을 한 학기 동안 배우면서, 하나의 문제에 대해 여러 의견이 모아지고 이를 발전시키고자 연구 및 개발하는 것이 효율적임을 확인할 수 있었다. 앞으로는 어려운 문제를 다른 사람과 함께 보다 발전적으로 해결하여야겠다.
	- 조원들과 협동하고 의견을 나누는 과정을 통해 점차 발전적인 해결책이 구체화되는 것을 보면서 협력의 중요성에 대해서 생각할 수 있었다.
	- 여러 사람 앞에서 발표하고, 내 생각을 말하는 것에 대한 자신감이 이번 수업을 통해 생겼다.

주: 2017학년도 1학기 PBL 수업 예비 유아교사의 회고록에서 발췌하였음.

셋째, PBL 교육을 통해 예비 유아교사의 커뮤니케이션 스킬과 협력기술이 함양된다. PBL은 팀 활동을 통해 문제를 해결하는 과정을 익히기 때문에 학습자의 커뮤니케이션 스킬과 협력기술을 증진시킨다. 이와 동시에 교수자 또한 유아의 지식 재구성을 위한 발문을 시도해야 하며, 문제 개발을 위해 동료 교수자와의 협력이 이루어져야 한다. 실제로 Edwards와 Hammer(2006)는 예비 유아교사를 대상으로 PBL 적용 교육을 실시한 결과, 나른 사람들과 협력하는 협력기술과 능력이 증진되어, 상호 간의 의견 조율, 존중을 비롯한 긍정적 효과가 나타났음을 확인하였다.

이제까지의 유아교육과 달리 PBL은 실제성과 문제를 해결하는 과정을 특징으로 한 유아교육의 새로운 패러다임이다. 앞서서 PBL 적용을 통한 교수자의 성과를 확인하였다면, 유아의 성과를 다음과 같이 확인하고자 한다. PBL 과정 속에서 학습자인 유아가 거두는 교육의 성과는 다음과 같이 인지적 · 사회적으로 구분하여 살펴볼 수 있다.

첫째, 인지적 성과로 주어진 문제를 해결하는 과정 속에서 향후 미래사회가 요구하는 문제해결력을 기를 수 있다. 유아를 둘러싼 생활환경은 단순한 호기심에서 구조화되어 있지 않은 복잡한 과제까지 다양한 문제들로 구성되어 있다. 유아가 인지적으로 성장하기 위해서는 문제를 만나야 하고, 문제를 해결하는 과정을 가져야 하며, 스스로 결정의 결과를 경험해야 한다(Brown, 1988). PBL을 통해 문제를 해결하는 과정을 체계적으로 습득할 수 있는 기회를 가질 수 있다. 또한 다양한 문제에 대한 적응력을 기를 수 있다. 유아가 진학해야 하는 초등학교에서 이루어지는 다양한 수업방식 중의 하나인 PBL을 유아교육 과정에서 미리 경험해봄으로써 유아는 학습에 대한 자신감을 얻을 수 있다.

둘째, 사회적 성과로는 문제해결과정에서의 학생 간의 협력 능력을 기를 수 있음을 우선 언급할 수 있다. PBL은 혼자 문제를 해결하는 것이 아니라, 팀 내 구성원 간의 협업을 통해 보다 발전적인 문제해결방법을 제시할 수 있다. 이 뿐만이 아니라 PBL은 유아에게 지역사회의 하나의 구성원으로서 인식할 수 있는 기회를 제공한다.

이처럼 PBL은 2020년 미래직업을 위한 기술로 언급하고 있는 복잡한 문제해결력, 비판적 사고력, 창의력, 인적자원 관리, 협업, 감정지능, 판단 및 의사결정, 서비스 지향성, 협상 및 인지적 유연성의 내용들과 효과적으로 연결될 수 있다. 교육과정이 각각 이루어지기보다는 통합적인 구조 속에서 이루어지고 있는 PBL이기 때문에 가능한 결과이다.

활동 4

✤ 내가 생각하는 유아교육에서 PBL 적용의 가장 큰 성과는?

2부

PBL을 수업에 적용하기

질문해 보기

❶ PBL에서의 문제 특징은 무엇일까요?
❷ PBL에서의 문제 개발 단계에서 교사는 무엇을 해야 하나요?
❸ PBL에서의 수업 준비 단계에서 교사는 무엇을 해야 하나요?
❹ PBL에서의 수업 실행 단계에서 교사는 무엇을 해야 하나요?
❺ PBL에서의 수업 평가는 어떻게 실행해야 하나요?

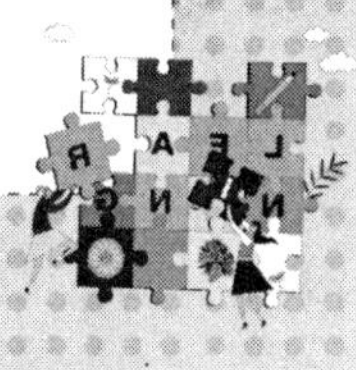

교사는 PBL을 통한 높은 교육적 성과를 위해서 짜임새 있게 수업을 계획하고 설계를 해야 한다. 본 2부에서는 각 단계마다 교사는 어떠한 계획과 준비를 하고, 실행을 위해서 어떠한 점을 주의 깊게 살펴야 할지 살펴보도록 한다.

다음 〈표 2-1〉과 같이 PBL의 절차는 문제 개발-수업 준비-수업 실행-수업 평가의 4단계로 이루어진다. 1단계인 문제 개발과 2단계의 수업 준비는 교사가 주도하여 PBL을 실행하기 위한 준비 단계에 해당한다. 1단계인 문제 개발에서 교사는 문제를 발견하고 수업을 계획하고, 수업설계도인 문제지도와 문제를 개발한다.

2단계인 수업 준비는 1단계의 문제를 해결하기 위한 활동예상안을 개발하고, 각 활동에 알맞은 수업자료를 준비하고 제작하며 학습환경을 구성한다. 또한 교사는 가정에 가정통신문을 발송하여 PBL 수업의 주제와 주차별 안내와 함께 가정에서도 유아가 PBL 문제해결을 위한 동기를 독려하고 흥미를 유지할 수 있게 지도를 독려한다.

3단계인 수업 실행은 유아가 직접 문제를 접하고 문제를 해결하기 위한 단계로서, 개별적 활동과 소집단-대집단 활동을 적절히 배치한 교사의 계획된 활동예상안을 실제 실행한다. 이때 교사는 유아가 문제해결에 대한 깊이 있는 탐구 자세를 유지할 수 있게 지도한다.

4단계인 수업 평가는 유아-교사-학부모 평가를 통해서 문제해결한 과정을 돌아보고 알게 된 지식, 기능, 태도를 점검하는 단계이다. 교사는 유아의 자기조절학습, 문제해결능력, 탐구능력, 협업 능력 등이 실제로 향상되었음을 확인할 수 있는 평가를 진행한다.

〈표 2-1〉 PBL을 적용한 수업의 과정

단 계	내 용
① 문제 개발	- 문제 발견
	- 문제지도 개발
	- 문제 개발
② 수업 준비	- 활동예상안 개발
	- 수업자료 제작
	- 학습환경 구성
	- 가정통신문 개발 및 발송
③ 수업 실행	- 문제 제시
	- 문제해결을 위한 사전 활동 1. 팀구성 2. 문제해결 차트 만들기
	- 문제해결을 위한 전개활동 1. 조사 공유하기 2. 적용 및 수정하기
	- 문제해결안 정리 및 발표
④ 수업 평가	- 후행활동
	- 평가

1장

문제 개발

PBL의 가장 큰 특징은 문제로부터 학습이 시작된다는 점이다. PBL 문제는 일반적으로 정해진 답이 있는 단답형의 문제와는 다른 특성을 지닌다. 1장에서는 PBL 문제를 어떻게 발견하고, 누리과정과 대상연령에 대한 특성을 고려하여 문제지도를 어떻게 개발하는지 살펴보고자 한다. 문제지도는 교사가 활동예상안을 계획하는 기초 자료가 되며, 이를 통해 활동의 누리과정 목표와 연계하여 활동예상안을 예상해 볼 수 있다. 문제지도가 완성되면 실제 문제를 개발할 수 있는데 문제의 실제상황과 유아들이 문제상황에서 누구의 역할이 되어 제시된 문제를 해결해야 하는지 구체적인 역할을 설정하여 제시한다.

1. 문제 발견

PBL 문제를 개발할 때, 교사는 어디에서 문제의 아이디어를 구안해야 할 것인지 어렵다는 질문을 많이 한다. 그러나 문제 개발은 문제 발견의 과정에서 시작되는데, 이러한 문제 발견은 교사가 유아를 대상으로 한 평소의 관찰에서부터 자연스럽게 생겨날 수 있다. 또한 문제는 유아의 흥미에 발현시킬 수 있어야 하여, 유아가 평상시 흥미가 있어 하는 주제, 최근 유치원 내의 이슈, 유아의 일상생활, 누리과정의 내에서의 핵심 주제에서 발견할 수 있다.

(1) 유아의 일상생활에서의 문제 발견

유치원이나 교실에서 특별한 사건이나 문제상황 발생

⇩

교사가 그 사건이나 상황과 PBL 적용 가능성 탐색

⇩

문제 개발

[그림 2-1] 유아 일상생활에서 문제 발견

유아들의 호기심은 종종 갑작스런 사고나 사건을 야기하기도 한다. 봄이 되어 유아들과 바깥놀이를 하다보면 위험한 행동으로 상처가 나거나 친구에게 상처를 입히는 사건들이 종종 일어난다. 교사가 사전에 위험한 행동에 대한 주의를 주지만 쉽게 행동교정이 일어나지 않을 때에 PBL을 통해 문제상황을 해결할 수 있다([그림 2-1] 참조).

바깥놀이에서 위험한 행동 방지를 위해 PBL의 하나의 문제로 만들어서 위험한 행동이 무엇인지, 그러한 행동을 어떻게 변화할 수 있을지 살펴볼 수 있다. PBL 문제해결로 나 이외에 다른 유아들에게도 안전한 바깥놀이 수칙을 알리는 캠페인 또는 바깥놀이 경로 중에서 위험한 장소에 푯말을 붙이기 등이 제시될 수 있다. 이를 통해 유아의 예기치 않은 사고를 미연에 방지할 수 있다.

(2) 교육과정 내에서의 문제 발견

유아들의 유사한 질문들

⇩

교사가 PBL 적용 가능성 탐색

⇩

유아들과 상의 후 문제 개발

[그림 2-2] 유아 교육과정 내에서 문제 발견

교사는 교육과정 내의 주제와 관련되어 PBL 문제를 발견할 수 있다. 평상시의 유아의 질문들을 교사가 교육과정과 연결하여 문제를 발견한다. 교사는 발견된 문제가 실제로 적용 가능한지 탐색한 이후에는 '우리 ~문제가 있는데 함께 해결해 볼 수 있을까?'와 같은 발문을 통해 유아와 상의하여 PBL 문제를 개발할 수 있다([그림 2-2] 참조).

유아들의 일과 중에서 바깥놀이가 최근 미세먼지, 장마 등으로 취소되는 상황이 많아지고 있다. 유아는 날씨로 인해 바깥놀이 취소되는 것과 관련하여 교사에게 공통된 질문을 할 수 있다. 그러한 관심을 토대로 유아에게 기상예보와 관련된 문제를 개발할 수 있다. 교사는 기상예보가 무엇인지, 기상예보에 사용되는 기호는 무엇인지, 기상예보를 하기 위해서 무엇을 알아야 하는지, 기상예보는 누가 하는지 등을 수업 내용에 포함하여 PBL을 계획할 수 있다.

(3) 교사가 관찰한 유아의 흥미에서 비롯된 문제 발견

교사가 유아들의 활동 및 대화에 대한 세심한 관찰

⇩

관찰 내용 중 PBL 적용 가능한 요소 추출

⇩

문제 개발

[그림 2-3] 유아 흥미 내에서 문제 발견

교사는 유아와 함께 교실에서 밀접하게 함께 생활하므로, 유아의 다양한 활동과 대화 및 관심사를 세밀히 관찰하고 있다. 관찰 내용 중 PBL에 적용 가능한 요소들을 발견하여 문제를 개발할 수 있다([그림 2-3] 참조).

유치원에서 자원의 재활용을 실천하기 위해 분리수거를 실시하는 경우, 유아는 분리수거에 대해 정확하게 인지하고 있기 어렵다. 분리수거 방법에 대해 혼돈이 있는 경우를 교사가 평상시 관찰하고 있다면, 이것을 정리해서 교육하기 위해 PBL 문제를 개발할 수 있다. 왜 자원을 재활용해야 하는지의 필요성을 알리고, 분리수거를 정확히 할 수 있는 해결책을 마련하기 위해 PBL 문제를 개발할 수 있다.

유아에게 적용 가능한 다양한 영역 속에서 질문 선정의 기본적 전제는 유아와 직접 관련이 있고, 다양한 자원을 쉽게 찾을 수 있으며, 생생한 현장을 느낄 수 있는 질문이어야 한다는 것이다. 특히 Chard(1994)는 연령이 어릴수록 보다 구체적이고 현재에 관한 것, 소규모의 것을 PBL 문제로 개발하는 것이 바람직하다고 하였다. 이를 위해서는 교사가 문제 발견을 통한 교사의 아이디어는 유아의 연령과 누리과정, 유아의 흥미와 관심과 함께 고려되어야 한다([그림 2-4] 참조). PBL 문제 발견의 완성은 아이디어 개발을 위한 교사 자신의 발산적이고 창의적인 사고가 필요하다. 이러한 모든 요소를 통한 유아에게 적합한 PBL 문제가 개발된다.

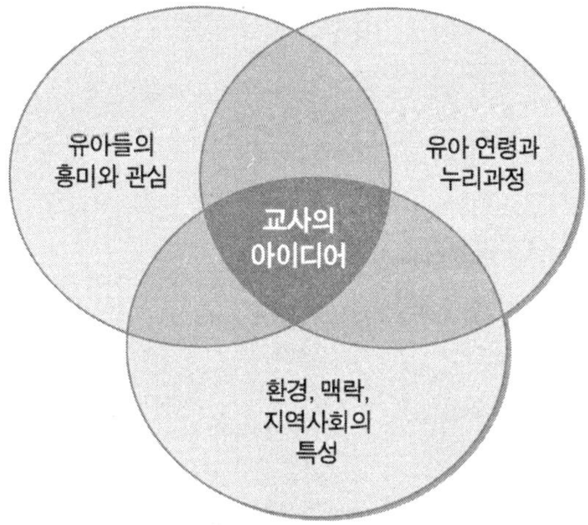

[그림 2-4] PBL 경험설계 시 고려할 사항

출처: Torp & Sage(2002). p.51 재구성.

2. 문제지도 개발

교사는 문제를 개발하기 위해 핵심지식, 누리과정, 활동예상을 통해 문제해결안을 무엇으로 산출하게 할 것인지 결정해야 한다. 이를 위해서는 교사의 아이디어와 학습활동, 누리과정 요소와 내용을 시각화한 문제지도가 필요하다. 문제지도는 교사가 다루어야 할 주요 개념 또는 핵심 지식과 학습내용, 앞으로 전개될 활동을 예상하고 교육목표를 고려할 수 있다(조연순, 2006; Katz & Chard, 1993).

문제지도를 개발하는 방법은 다음과 같다. 먼저, 주제와 관련된 단어를 나열한 이후, 유사한 단어끼리 유목화를 한다. 유목화한 이후에 교사는 누리과정과 관련된 활동예상안을 영역별로 작성한다. 예상한 활동은 PBL 수업 내에서의 교사가 생각하는 핵심 지식이자 조사내용과 관련지어 작성한다. 활동예상안은 교사의 의도된 활동으로 유아는 문제를 해결해 나가는 과정에서 다양한 누리과정 전 영역 활동을 하면서 문제를 더 깊이 있게 파악하고 이해하며 흥미를 지속할 수 있다. 활동예상안을 두 가지 이상 엮어, 큰 주제의 유아의 조사내용을 도출한다. 도출된 조사내용을 합하여 문제해결안을 무엇으로 산출하고 표현하게 할 것인지 교사가 결정한다.

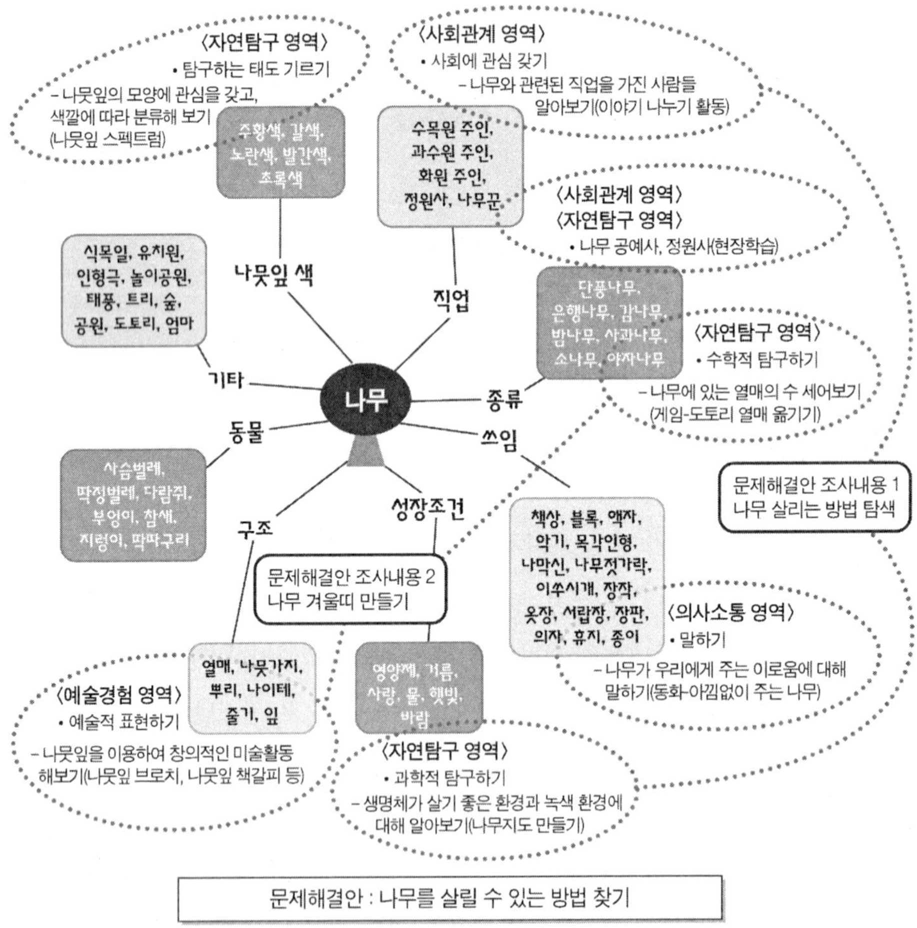

[그림 2-5] '나무를 살리자'의 문제지도 만들기 (예시)

예를 들어, 교사가 4월 누리과정 주제인 '봄과 동식물' 수업을 계획하는 중에 우리 유치원의 나무가 죽어가는 것을 보고 유아들이 나무를 살리고 싶어하는 대화와 행동을 관찰하였다. 교사는 이러한 문제 발견을 통해 '나무를 살리자'라는 주제를 선정하여, PBL 문제를 개발하고자 하였다. 이를 위한 문제지도는 [그림 2-5]와 같다. 문제지도에는 나무에 대한 색, 종류, 쓰임, 직업, 동물 등의 주제로 유목화를 시키고, 각 누리과정과 관련되어 영역과 활동예상안이 포함되어 있다. 또한 관련된 문제활동을 묶어 유아의 조사내용을 정리하여 한눈에 살펴볼 수 있는 PBL 문제지도는 교사가 선정한 아이디어가 적절한지를 검증할 수 있는 도구로 활용할 수 있다.

3. 문제 개발

(1) 문제 특징

PBL의 가장 큰 특징은 문제로부터 학습이 시작된다는 것이다. PBL 문제는 일반적인 교재에서 사용되는 연습문제와는 다른 특성을 지닌다. 좋은 PBL 문제를 설계하기 위해서는 PBL 문제의 특성을 정확히 이해해야 한다. PBL 문제의 특성은 비구조화, 실제성, 관련성 그리고 복잡성이다.

첫째, 비구조화된 문제(ill-structured problems)란 문제와 관련된 상황이나 요소가 분명히 정의되어 있지 않고, 문제해결에 필요한 정보가 충분히 포함되어 있지 않은 것을 말한다. 비구조화된 문제는 다양한 해답이나 해결 경로를 가지고 있고, 극단적인 경우에는 해답이 없을 수도 있다. 답이 정해져 정확하고 효율적인 해결방법을 찾는 구조화된 문제와 달리, 비구조화된 문제는 의사결정의 명료화와 논쟁에 초점을 둔다. 비구조화된 문제해결의 가장 큰 특징은 대안적 해결책을 찾는다. 구조화된 문제해결의 경우는 대부분 정형화된 답이 있지만, 비구조화된 문제해결의 경우는 정형화된 답을 찾기 어렵다. 문제의 해결책은 문제의 상황과 맥락, 문제해결자의 문제에 대한 태도와 해석 등에 따라서 달라질 수 있다. 비구조화된 문제해결에서는 다양한 해결책들이 존재할 수 있으며, 최선의 해결책은 있을 수 있으나 정답은 있을 수 없다. 문제해결자는 최선의 해결책을 선택하고, 그 해결책이 다른 대안들보다 뛰어난 점을 증명하고 설득할 수 있어야 한다.

'우리 반 선거' PBL 문제의 사례를 살펴보자([그림 2-6] 참조). 실제 리더를 뽑기 위한 문제를 해결하는 과정에서 유아가 생각하는 리더의 모습과 역량은 다르다. 또한 후보는 각기 다른 공약과 포스터를 사용할 것이다. 이처럼 PBL 문제는 비구조화되어 있어, 문제해결을 위한 해석과 태도에 따라 다른 결과를 만들어 낸다.

> 개미반 친구들! 우리 반 리더를 뽑기 위한 선거를 개최합니다!
> 얼마 전에 있었던 우리나라의 대통령을 뽑았던 선거 기억나나요?
> 우리 반을 대표할 수 있고, 앞장서서 모범적인 행동을 할 수 있는 개미반 리더를 뽑기 위한 선거를 개최합니다! 리더는 친구 간의 싸움을 조정해 줄 수 있고, 부지런히 우리 반 일을 해야 하는 일꾼이에요.
>
> 〈선거일정〉
> 날짜 : OOOO년 OO월 OO일 O요일
> 시간 : 오전 11시~11시30분
> 장소 : 개미반
> 주최 : 나라 유치원
>
> 모두 즐거운 유치원 생활을 위해, 선거에 출마해서 행복한 개미반을 만들어 보아요!

[그림 2-6] 비구조화된 문제 사례: '우리 반 선거' PBL 문제

둘째, PBL 문제는 실제성을 가지고 있어야 한다. 이는 PBL 문제가 실세계에서 사용되는 진짜 문제이며, 단순히 문제를 이해하는 것에 그치지 않고 문제를 해결하기 위해 관련된 지식과 기능을 사용하도록 유도한다는 것을 의미한다. 즉 실제적 문제는 지식을 단순히 이해하는 것이 아니라, 지식을 활용하도록 요구하는 문제다. 문제가 학습자가 익숙한 맥락이나 상황에서 제시되면 학습자는 이를 더 잘 이해하게 되고, 문제를 해결해야 할 의무감을 느끼게 된다. 따라서 학습자를 더 집중하게 만들고, 문제의 결과를 알고자 하는 동기를 유발하게 된다.

다음 [그림 2-7] 처럼 '모두를 위한 좋은 물통 만들기' PBL 문제를 살펴보자. 유아에게 세계 여러 나라의 생활이라는 주제로, 물부족 국가인 아프리카 대륙에 관심을 갖고 그곳 친구들의 생활상과 상황을 이해하기 위해서 문제를 개발하였다. 교사는 유아에게 아프리카의 물부족에 대해 단순히 지식전달을 통한 이해보다는, PBL을 통해 과학적 방법을 활용하여 문제해결할 수 있는 기회를 제공한다.

안녕, 친구들!

나는 아프리카에 살고 있는 샘이야. 내가 편지를 쓴 이유는 나와 함께 우리나라 문제를 같이 해결할 친구를 찾고자 썼어. 아프리카는 더운 나라여서 물이 부족하기도 하지만 지구 온난화로 예전보다 물을 찾기가 쉽지 않아.

나는 엄마와 함께 우리 가족이 마실 수 있는 깨끗한 물을 찾아다니는데 하루 5시간이 걸려. 엄마와 같이 걷는 건 좋은데, 물을 통에 담으면 너무 무거워서 깨끗한 물을 발견해도 내 마음처럼 많이 나를 수가 없어.

깨끗한 물을 우리 집까지 많이 가져가고 싶은데, 좋은 방법이 없을까?

나와 함께 이 문제를 풀어보지 않을래?

물통 개발자가 되어서 쉽게 운반하고 저장할 수 있는 특별한 물통을 만들어 보자.

[그림 2-7] **실제성을 가진 문제 사례 : '모두를 위한 좋은 물통 만들기' PBL 문제**

셋째, PBL 문제는 학습자가 관련성을 느끼게 해야 한다. 유아 자신이 체험했거나, 체험할 수 있는 문제라고 느끼게 해야 한다. 비록 실제적인 문제라 할지라도 유아로 하여금 자신과의 관련성을 느끼게 하는 문제상황을 제시해야 한다. 예를 들어 주말에 있었던 이야기 활동을 하는 도중에 반 친구 중에서 이가 썩어서 치과를 다녀왔다면 단순히 '이를 썩지 않게 하려면 어떻게 해야 하나요?'라고 바로 문제를 제시하기보다는 유아가 치과에 간 경험과 연결하여 감정이입할 수 있게 제시한다.

다음 [그림 2-8] 처럼 '충치 없애기' PBL 문제를 살펴보자. 점심식사 후에 양치하는 것을 싫어하는 유아에게 치과에 가서 본인의 눈으로 양치를 하지 않을 때 생기는 충치를 보게 한다. 썩은 이를 보면서 왜 이가 썩는지 탐색하고, 충치를 없앨 수 있는 방법을 마련하도록 문제를 만들 수 있다.

> 간호사 : 원장님, 환자 OO가 왔어요. 어금니가 아파서 왔대요.
> 치과의사 : 두 달 전에 왔을 때에는 충치가 없었는데, 어금니에 충치가 생겼네요. 이를 안 닦았나 보구나?
> OO : 네. 이 닦는 게 싫어요. 이를 닦고 먹으면 맛있지가 않아요.
>
> 친구들, OO의 이를 치료히고 어떻게 해야 깨끗한 이를 가지게 할까요?
> 여러분들이 치과의사가 되어서 OO의 생활습관을 바꿀 수 있게 도와주세요.

[그림 2-8] **관련성을 가진 문제 사례 : '충치 없애기' PBL 문제**

넷째, PBL 문제는 복잡성을 가지고 있다. 이는 PBL의 문제를 해결하는 과정이 방법이 다양하고, 해결책에 대한 예측도 어렵다는 것을 의미한다. 특히 문제해결자인 유아가 어떤 입장에 있느냐에 따라서 문제에 대한 해석과 방법이 달라지기 때문에 더욱 복잡하다. 복잡한 PBL 문제를 해결하기 위해 소그룹의 모든 구성원들이 문제를 해결하는 데 기여할 수 있어야 한다. 문제가 복잡하여 유아들로 하여금 단순한 역할분담하기보다는 모든 구성원들이 협동을 해야만 문제를 해결할 수 있도록 해야 한다. PBL은 유아에게 협동학습을 통해 자신이 학습한 것과 새로운 정보를 연결할 수 있어야 하고 이를 종합할 수 있도록 한다. PBL에서 추구하는 문제는 이러한 협동학습이 유기적으로 발생할 수 있는 정도의 복잡성을 지닌 문제이다.

다음 [그림 2-9] 처럼 '장난감을 친구에서 선물하기' PBL 문제를 살펴보자. 교사는 해외에서 주문한 장난감을 기다리는 유아와 그들의 친구들의 대화를 듣고 택배 시스템에 관심을 갖는 유아들을 관찰하여, PBL 문제를 개발할 수 있다. 택배와 관련되어 택배기사, 콜센터, 운전자, 주소별로 분류하는 사람 등 다양한 직업군이 존재한다. 유아 개개인이 이와 관련된 다른 역할을 수행하여 친구에게 선물을 보내는 PBL 문제를 해결한다.

> OO택배사 대표님,
> 저는 서울 목동에 살고 있는 OOO에요.
> 제일 친한 친구에게 생일선물로 장난감을 보내려고 하는데 만날 수 없는 곳인 대전 동구로 이사를 갔어요. 친구생일이 5일 밖에 안 남았어요.
> 어떻게 하면 친구생일에 맞춰 생일선물을 보낼 수 있을까요?
> 도움이 필요해서 메일 보내요. 꼭 저의 문제를 해결해 주세요.

[그림 2-9] 복잡성을 가진 문제 사례 : '장난감을 친구에게 선물하기' PBL 문제

삶은 문제를 해결하는 과정(Karl Popper, 1999)으로 정의되듯이, PBL 문제는 연습된 정구조(well-structured problems)가 아니라 연습되지 않은 현실의 문제를 다룬다. 이러한 PBL 문제는 확산적 질문이자 문제해결을 위한 질문으로서, 이러한 질문은 창의성이 증폭되어 성장하는 유아기를 통해 창의성의 요소들을 개발하는 데 도움을 준다. 또한 PBL 문제는 유아기의 사고 활동을 자극하여 유아의 학습활동에 참여를 증가시켜 문제해결을 유도한다. PBL 과정을 통해 유아 스스로 문제를 질문하고, 해결하는 과정을 통해 성취감을 향상시킬 수 있다.

(2) 문제 개발

가. 문제시나리오의 상황과 역할 설정하기

문제 개발에서 문제가 발생하는 상황과 역할을 설정하는 것이 중요하다. 학습자가 자신의 문제로 인식하고 문제해결에 대한 주인의식을 갖도록 하기 위해서, 처한 상황과 문제 안에 제시된 역할을 구체적으로 제시해 주어야 한다.

7월 여름/건강과 안전생활이라는 주제를 활용하여 다음 [그림 2-10]과 같은 문제를 개발할 수 있다. 봄부터 미세먼지와 황사, 장마로 바깥활동 계획이 자주 취소되면서 일기예보에 대한 관심이 높아진 유아에게 일기예보와 관련된 기상캐스터 체험 PBL 문제를 제시한다. 이 문제에서 유아는 기상청, 일기예보관, 재해대책본부장 등의 역할을 수행할 수 있다.

> 어린이 여러분!!
> 기상문제로 인한 잦은 야외활동의 취소로 인해 문제가 끊임없이 제기 되어 기상예보에 대해 관심이 높아졌습니다! 푸르른 유치원 기상캐스터가 되어 기상예보를 준비해 봅시다.
>
> 만 5세를 대상으로 '푸르른 기상청' 기상캐스터를 뽑습니다.
> 관심 있는 어린이들의 많은 참여바랍니다.
> - 날짜: OOOO년 OO월 OO일
> - 시간: 10:00-12:00
> - 장소: 푸르른 유치원 뭉게구름반
> - 주최: 푸르른 유치원

[그림 2-10] 여름/건강과 안전생활 관련된 문제

다음 [그림 2-11]은 8월 교통기관과 생활이라는 주제를 활용한 사례이다. 여름방학으로 가족휴가가 많아지는 기간에 교통사고가 자주 발생하면서, 유아의 안전벨트 착용의 중요성을 강조하기 위한 '안전벨트 만들기' 문제를 개발한 사례이다. 이 문제에서 유아는 유아가 안전벨트 착용에 있어서 불편함이 무엇인지 알아보거나 유아에게 친숙한 안전벨트를 만드는 디자이너의 역할을 할 수 있다.

앙드레 오 디자이너는 어린이들이 안전벨트가 불편하여 사고율이 높아지는 뉴스를 접한 후, 어린이들이 안전벨트에 대한 관심을 갖고 즐겁게 착용할 수 있도록 안전벨트의 옷을 제작했어요. 우리 안전 유치원 친구들도 앙드레 오 디자이너처럼 나만의 안전벨트 옷을 멋지게 만들어 볼 수 있을까요? 어린이 여러분들의 많은 참여바랍니다.

- 날짜: OOOO년 OO월 OO일
- 시간: 11:00-13:00
- 장소: 안전 유치원 자동차반
- 주최: 안전 유치원

[그림 2-11] 교통기관과 관련된 문제

문제시나리오 개발에 있어서 상황 설정에서는 PBL의 가장 중요한 특성인 실제성을 고려해야 한다. 또한 역할 설정에 있어서 교사는 ① 여러 역할 중 가장 실제적인 역할은 어느 것인가? ② 학생들의 관심과 흥미를 유도하여 학습에 참여시킬 수 있는 역할은 무엇인가? ③ 기대하는 교육과정 목표를 최대한 달성할 수 있는 역할은 무엇인가? 에 대해 고민하여 문제시나리오를 개발한다.

나. 문제시나리오 제시하기

역할과 상황을 설정한 후에는 본격적으로 문제를 제시한다. 문제는 유아가 문제를 접한 이후에 자신의 역할과 상황을 명확하게 이해할 수 있고, 문제의 핵심과 문제해결을 위한 조건을 파악할 수 있을 정보를 담아야 한다. PBL 문제는 비구조성, 복잡성의 성격을 가지고 있기 때문에 너무 적은 정보를 주면 문제탐구 과정에서 어려움을 느낄 수 있다. 따라서 교사는 문제를 작성하고 나서, 동료 교사들의 검토를 받는 것이 필요하다. 유아들이 문제에 대한 탐구를 시작할 수 있도록 정보가 제공되었는지, 유아의 특성이 잘 반영되어 있는지, 문제의 핵심과 문제해결을 위한 조건이 명확하게 제시되었는지를 살펴보아야 한다.

문제시나리오 제시방법은 동영상 자료, 역할극, 편지글, 신문 등의 여러 가지 형태가 있다. 어떠한 방법을 선정하는지는 교사가 이끄는 유아반의 특성을 살피는 것이 중요하다.

다. 문제시나리오 점검하기

교사는 만든 문제시나리오가 유아의 특성을 고려하여 잘 만들어졌는지 확인하기 위한 점검의 과정을 걸쳐서 문제 개발을 완료할 수 있다. 다음 〈표 2-2〉와 같은 PBL 문제 타당도 검사지(최봉선, 2009)를 통해 교사 PBL 문제에 대해 스스로 점검하여 유아에게 적합한 문제를 개발하였는지 확인할 수 있다.

〈표 2-2〉 유아교육에서의 PBL 문제의 타당도 검사

항 목	문 항
비구조성	다양한 해결안으로 도출 가능한가?
	협력학습이 가능할 정도로 문제가 복잡한가?
	유아들이 다각적인 시각에서 문제를 바라볼 수 있는가?
맥락성	유아들의 현실 상황에서 접할 수 있는 문제인가?
	유아에게 실용적인 문제인가?
학습자와 관련성	유아의 세계와 밀접하게 관련된 문제인가?
	유아들이 주인의식을 가질 수 있는 문제인가?
구체성	유아들이 해야 할 역할을 제시하였는가?
	시간, 장소가 포함된 구체적 맥락을 제시하였는가?
	제출해야 할 결과물을 분명하게 명시하고 있는가?
난이도	유아의 수준에 적합한가?
	유아들에게 도전의식을 느끼게 하는 문제인가?
동기유발	유아들의 관심을 유도할 수 있는 흥미로운 주제인가?
	유아들의 궁금증과 호기심을 유발하는 문제인가?
적합성	유아들의 학습환경 범위 내에서 해결 가능한 문제인가?
	유아들을 고려할 때 충분히 윤리적인가?
간학문성	누리과정에 맞는 통합교과적인 성격을 가지고 있는 문제인가?

출처: 최봉선(2009). PBL 기반 구성주의적 유아교육 프로그램의 개발 연구. 아동교육, 18(1). p.273.

2장

PBL 수업 준비

1. 활동예상안 개발

교사는 PBL을 유아의 관심과 흥미에 따라 다양한 활동을 지원하여 PBL 문제에 대한 흥미를 지속하고 심도 있는 탐구를 지원할 수 있게 활동예상안을 개발해야 한다. PBL에서의 활동예상안 개발을 통해 교사는 균형 있는 통합적 교육과정을 운영하고, 유아의 여러 가지 질문에 대한 활동을 대비하고, 추후 활동 안내를 효과적으로 할 수 있으며, 수업자료 준비가 보다 용이해진다(지옥정, 2014). 또한 활동예상안 개발은 문제지도에서 도출된 예상활동과 누리과정 영역별 목표를 일치시켜 문제해결을 위한 조사활동을 계획할 수 있다.

다음 [그림 2-12]와 같은 '나무를 살리자' PBL 문제는 교실 앞의 나무들 중에서 말라서 죽어가는 나무를 보고, 왜 죽는지, 어떻게 하면 나무를 죽이지 않고 잘 살릴 수 있을지에 대한 것이다. 이 문제에 대한 활동예상안은 [그림 2-13]으로, 교사는 각 영역별 내용범주에 따라 관련한 활동을 작성한다.

도레미유치원에 현장취재를 나온 OOO기자입니다.
토끼반 교실에서 키우던 관음죽 나무가 죽어가고 있습니다.
친구들은 일주일에 한 번씩 물을 한 컵씩 주고 있었고, 책장 옆에 자리를 잘 마련해 주었던 것으로 보입니다.
'물 주기 당번'을 정한 것은 아니었는데,
관음죽 나무가 왜 죽어가고 있을까요?

여러분이 화원주인이 되어서 관음죽 나무를 살리는 방법을 연구해서 살려주시기 바랍니다.

이상으로 현장취재를 나온 OOO기자였습니다.

[그림 2-12] '나무를 살리자' PBL 문제

교사가 활동예상안을 작성한다면, 유아의 흥미 변화에 대한 대응이나 유아가 PBL 문제해결에 도달하는 것을 돕기에 용이해진다. 활동예상안은 한 번 작성하고 끝나는 것이 아니라, PBL이 진행되면서 유아의 활동에 따라 끊임없이 재수정하여 활용해야 한다.

〈표 2-3〉 '나무를 살리자' PBL 수업에서의 활동예상안 (예시)

영역	내용범주	내용 관련 예상 활동 내용
신체운동·건강	신체인식하기	- 나무 손으로 만져보기 - 나무 냄새 맡아보기
	신체조절과 기본운동하기	- 바람에 흔들리는 나무 표현해보기 - 나무에 물주기
	신체활동에 참여하기	- 유치원 주변의 여러 가지 나무 탐색해보기
	건강하게 생활하기	- 자연이 주는 이로움 알기 (환경, 음식 등) - 우리 주변 깨끗이 하는 습관 기르기
	안전하게 생활하기	- 현장견학 시 교통수단 안전하게 이용하기 - 교통안전규칙 및 현장안전수칙 알고 지키기
의사소통	듣기	- 친구들의 이야기 귀 기울여 듣기 - 친구들의 이야기를 듣고 궁금한 것 질문하기 - 나무와 관련된 동화 듣고 이해하기
	말하기	- '나무'에 관한 이전경험 말하기 - '나무'에 관한 교사의 질문에 대해 적절한 낱말과 문장으로 말하기 - 나무가 우리에게 주는 이로움에 대해 말해보기
	읽기	- 나무와 관련된 동시 읽기 - 나무에 대해 더 알아보고 싶은 내용을 책이나 기타 자료에서 찾아보기
	쓰기	- 나무에 관한 여러 가지 경험, 질문 등을 그림이나 글로 나타내기 - 나무에게 이름 지어주기 - 소원 나무 만들기
사회관계	나를 알고 존중하기	- 나만의 나무 만들기 - 소원 나무 만들기 - 자연을 위해 내가 스스로 할 수 있는 일 찾아보고 실천해보기
	나와 다른 사람의 감정알고 존중하기	- 나무가 없다면 어떻게 될지 생각해보기 - 자신의 감정을 알고 표현해보기
	가족 소중히 여기기	- 우리 가족이 좋아하는 나무 알아보기 - 가족과 함께 협력하여 나무 키우기

영역	내용범주	내용 관련 예상 활동 내용
	다른 사람과 더불어 생활하기	- 친구들과 협동하여 나뭇잎 패션쇼를 해보기 - '아낌없이 주는 나무' 듣고 친구들에게 자신이 나누어 줄 수 있는 것에 대해 이야기 나누기 - 자연과 자원을 아끼는 습관 기르기
	사회에 관심 갖기	- '나무를 지켜요' 캠페인 진행하기 - 나무와 관련된 직업을 가진 사람들을 알아보기
예술 경험	아름다움 찾아보기	- 여러 가지 나무에서 아름다움 찾아보기 - 숲, 공원 등에서 볼 수 있는 나무의 모양, 색, 생김새, 질감 등을 찾아보기
	예술적 표현하기	- 다양한 도구를 활용하여 창의적인 자신의 나무를 만들어보기 - 친구들과 함께 나뭇잎 패션쇼 진행해보기 - 나뭇잎을 이용하여 창의적인 미술활동 해보기(나뭇잎 브로치, 나뭇잎 책갈피 만들기 등)
	예술 감상하기	- '나무'에 관한 명화 감상하기(꽃피는 아몬드 나무, 겨울) - 다른 친구들의 예술 작품 소중히 여기기
자연 탐구	탐구하는 태도 기르기	- 나뭇잎의 모양에 관심을 갖고, 색깔에 따라 분류해보기(나뭇잎 스펙트럼) - 교사나 친구들의 다른 생각에 관심 가지기 - 종류가 다른 나무 비교, 관찰 등 탐구기술 활용하기
	수학적 탐구하기	- 나무에 있는 열매의 수 세어보기(게임-도토리 열매 옮기기) - 크기가 다른 나무의 길이, 면적 등을 측정해보기
	과학적 탐구하기	- 나무의 나이에 따라 나이테의 생김새 변화 알아보기 - 계절에 따라 달라지는 나무의 모습 알아보기 - 나무에서 사는 동물은 우리와 어떻게 다른지 알아보기 - 생명체가 살기 좋은 환경과 녹색 환경에 대해 알아보기

2. 수업자료 제작

교사에게 PBL 수업자료는 의도한 활동목표에서 벗어나지 않도록 방향을 잡아주고, 유아에게는 문제해결을 위한 정보를 수집하고 탐색하는 시간을 절약할 수 있게 한다. 문제해결을 위한 직접적인 정답이 포함된 것보다는 문제해결을 위한 실마리를 줄 수 있는 폭넓은 것으로 수업자료가 유아에게 제공되어야 한다. 수업자료의 형태는 도서, 실물, 모형, 전문가와 같은 인적 자원, 실험도구, 영상 등으로 매우 다양하다. 교사는 PBL 과정을 위해 필요한 수업자료를 목록화하여 유아들이 흥미와 관심이 변할 때, 문제해결을 위해 어려움을 겪을 때, 교육과정 중의 활동연결에 용이하다.

교사는 미리 확보된 수업자료를 적재적소에 유아에게 제공하여 문제해결을 지원해야 한다. 유아교육 현장에서는 수업자료를 다음과 같이 구분하고 있다. 1차적 자원은 유아가 직접 경험할 수 있는 실물, 전문가, 견학장소를 포함하고, 2차적 자원은 유아들이 간접 경험할 수 있는 사진, 동영상, 책 등이 있으며, 3차적 자원은 지역사회나 가정에서 PBL 과정의 결과를 공유하고 전달할 수 있는 가정통신문이나 PBL 문제와 연계된 지역사회의 단체나 기관을 뜻한다.

구분	내용
1차적 자원 (직접 경험)	• 사람(전문가) • 실물(실제 만질 수 있는 사람 • 장소(사물을 볼 수 있는 견학 장소)
2차적 자원 (간접 경험)	• 신문/잡지/카탈로그 • 백과사전/인터넷/동화책 • 사진/기타 시각자료
3차적 자원 (전달, 홍보)	• 1차적, 2차적 자원을 가지고 효과적으로 가르치는 교수학습법 • 가정통신문/공문

[그림 2-13] PBL에서의 자원목록

다음 [그림 2-14]와 같은 '놀이터 음악회' PBL 문제는 유치원에서 보관하는 악기 중 우쿨렐레 끈이 떨어져서 이상한 소리가 나는 상황에서 출발한다. 유아 간의 끈이 떨어진 이유를 찾는 대화와 악기에 관심을 가지는 모습을 관찰한 교사는 악기를 주제로 PBL 문제를 개발하였다.

'우쿨렐레'는 링링 소리를 잘 내는 친구에요.
그러나 우쿨렐레는 늘 혼자 노는 것을 좋아했어요.
어느 날, '우쿨렐레'는 몸이 아팠어요. 열이 나고 기침을 하고 콧물도 흘렸어요. 훌쩍훌쩍
이제 친구들과 놀 수 있을만큼 건강해졌어요.
링링 소리를 내려는데 '우쿨렐레'는 예전과 같은 소리가 나지 않았어요.
리리링! 리리링!
바이올린 친구가 '우쿨렐레'에게 말했어요.
"너, 소리가 이상하다. 아무도 이제 너의 노래를 안 들어줄걸?"
'우쿨렐레' 친구들도 '우쿨렐레'가 소리를 내려고 하면 다르다고 같이 놀지 않았어요.
'우쿨렐레'는 다시는 노래할 수 없을지도 모른다는 슬픔에 빠졌어요.
그래서 '우쿨렐레'는 소리를 고치는 할아버지를 찾아갔어요.

여러분이 소리를 고치는 할아버지가 되어서 '우쿨렐레'를 도와주세요.
우쿨렐레의 아픈 소리를 해결하려면 어떻게 해야 할까요?

[그림 2-14] '놀이터 음악회' PBL 문제

PBL 문제로 개발한 이후, 필요한 자원을 자원목록표를 〈표 2-4〉와 같이 작성하여 수업자료를 확보할 수 있다. 1차적 자원은 유아가 실제 경험하는 자원으로 여러 종류의 악기와 기타 악기를 만들 수 있는 재료, 음악과 관련된 직업인 음악가, 악기 기술자, 현장 견학 장소로는 악기박물관이나 음악 공연장을 자원으로 삼을 수 있다.

〈표 2-4〉 **'놀이터 음악회' PBL 1차적 자원**

<table>
<tr><th>자 원</th><th colspan="2">내 용</th></tr>
<tr><td rowspan="2">실물</td><td>여러 종류의 악기</td><td>- 리듬악기: 우쿨렐레, 탬버린, 트라이앵글, 캐스터네츠, 심벌즈, 실로폰, 리코더, 멜로디언, 피아노</td></tr>
<tr><td>기타 재료</td><td>- 재활용품: 우유팩, 휴지 심, 요구르트 병
- 장식 재료: 색종이, 색연필, 사인펜, 풀, 매직, 고무줄, 색실, 스파클, 뿅뿅이, 스티커, 리본, 찍찍이, 단추, 방울, 기타 액세서리, 물감</td></tr>
<tr><td>사람</td><td colspan="2">- 음악가, 악기 만드는 기술자, 지휘자, 연주자</td></tr>
<tr><td>현장견학 장소</td><td colspan="2">- 악기 박물관, 음악 공연장, 파주 헤이리 예술마을</td></tr>
</table>

2차적 자원으로는 간접경험과 관련된 책, 사진과 팸플릿, 동영상과 녹음자료, 인터넷을 활용하여 자원을 확보할 수 있다. 음악과 관련된 동화는 악기의 종류, 피리 부는 사나이, 내 몸은 악기 등이 있으며, 사진과 팸플릿은 실제 악기, 악기 연주 사진을, 동영상으로는 여러 가지 악기소리나 실제 음악 공연이 이루어지고 있는 것을 사용할 수 있다.

〈표 2-5〉 **'놀이터 음악회' PBL 2차적 자원**

<table>
<tr><th colspan="2">구 분</th><th colspan="4">내 용</th></tr>
<tr><td rowspan="6">책</td><td rowspan="6">동화</td><td>제목</td><td>지은이</td><td>출판사</td><td>출판연도</td></tr>
<tr><td>악기의 종류</td><td>무지개 편집부</td><td>무지개</td><td>2014</td></tr>
<tr><td>피리 부는 사나이</td><td>양자윤</td><td>무지개</td><td>2014</td></tr>
<tr><td>내 몸은 악기</td><td>서선연</td><td>한솔수북</td><td>2010</td></tr>
<tr><td>음악이 가득한 집</td><td>마르그레트 레티히</td><td>밝은 미래</td><td>2009</td></tr>
<tr><td>프란츠 페터 슈베르트</td><td>푸른 물고기 주니어</td><td>푸른 물고기주니어</td><td>2011</td></tr>
</table>

구 분	내 용
사진과 팸플릿	- 여러 종류의 악기 사진 - 다양한 악기를 연주하고 있는 사진 - 음악 공연 팸플릿
동영상과 녹음자료	- 여러 가지 악기 소리 - 음악 공연 동영상 - 우리 반 공연 영상
인터넷	- 재활용 악기 연주 - 파주 공연

3차적 자원으로는 전달 및 홍보를 위해 가정의 협조를 위한 가정통신문, 주변의 경로원 등의 위문공연을 할 수 있는지 여부 같은 공문 등이 있다. '놀이터 음악회' PBL은 유아의 작은 악기에 대한 관심에서 시작하여, 악기 보관방법을 개선하고, 잘못 보관된 악기들을 고쳐서 다시 소리를 낼 수 있게 문제를 해결한 이후에 내가 평소에 잘 다룰 줄 아는 악기를 통해 협동하여 합주의 아름다움을 느낄 수 있다. 또한 합주를 '유치원 놀이터'에서 연주하여 동네 마을 경로당 할머니, 할아버지와 함께 하면서 나눔의 기쁨과 공동체 의식을 통해 인지적 · 사회정서적 성장을 이룰 수 있다.

〈표 2-6〉 **'놀이터 음악회' PBL 3차적 자원**

자 원	내 용
가정통신문	- '놀이터 음악회' PBL 활동 예상안 가정통신문 - 집에 있는 악기 지원 요청 및 내가 다룰 수 있는 악기 가져오기
	- '놀이터 음악회' 발표회 참석 요청 가정 안내문
공문	- '놀이터 음악회' 발표회 참석 요청: 유치원 근처 경로당 대상

3. 학습환경 구성

유아에게 학습환경은 유아들의 끊임없는 호기심을 충족하고 확대 및 심화해 나아가야 하므로 교사에게 학습환경 구성은 교수-학습 지도안처럼 중요한 설계안이다. PBL에서 교사가 학습환경 구성을 위해 가장 먼저 고려해야 할 것은 유아가 중심의 환경을 마련하는 것이다.

PBL 초반의 학습환경은 주로 게시판을 활용하여 문제해결과 관련된 정보를 제공하는데 중점을 두어야 한다. 유아가 질문을 교사와 자유롭게 할 수 있는 분위기 속에서 다양한 자료를 활용하여 유아의 호기심이 지속될 수 있도록 학습환경을 구성해야 한다.

PBL 중반에는 유아가 PBL 문제를 해결할 수 있도록 개별로 다양한 활동을 제공해야 한다. 이를 위해서 교실책상은 4~5명의 유아가 소그룹활동을 할 수 있도록 준비되어야 한다. 또한 유아가 원할 때 활동을 선택하여 진행할 수 있게 PBL 문제에 맞춰 한 켠에 준비해 두어야 한다. 또한 유아가 자유선택시간과 수업 내에 활동한 결과를 게시판이나 한쪽 벽면에 원하는 걸 선택해서 자유롭게 게시할 수 있는 융통성 있는 환경 구성이 필요하다. 이는 유아에게 다른 유아의 결과물을 보면서 동기부여가 되고 새로운 지식과 정보를 얻을 수 있는 기회를 제공한다. 이러한 환경은 교사에게는 점검 및 평가를 할 수 있는 근거를 확보할 수 있다.

PBL 마무리에서의 학습환경은 문제해결안 발표 또는 전시를 위한 실제적인 공간이 마련되어야 한다. 예를 들어 [그림 2-15]와 같이 '우리 반 선거' PBL을 진행할 경우에는 '우리 반의 대표를 뽑자'라는 문제에 맞춰 개표소로 교실 환경을 마련해 주어야 한다. 교사가 개표소 환경을 만들 때에는 개표대, 개표도구, 신분증확인자, 개표자, 발표자 등 실제상황을 제시한다.

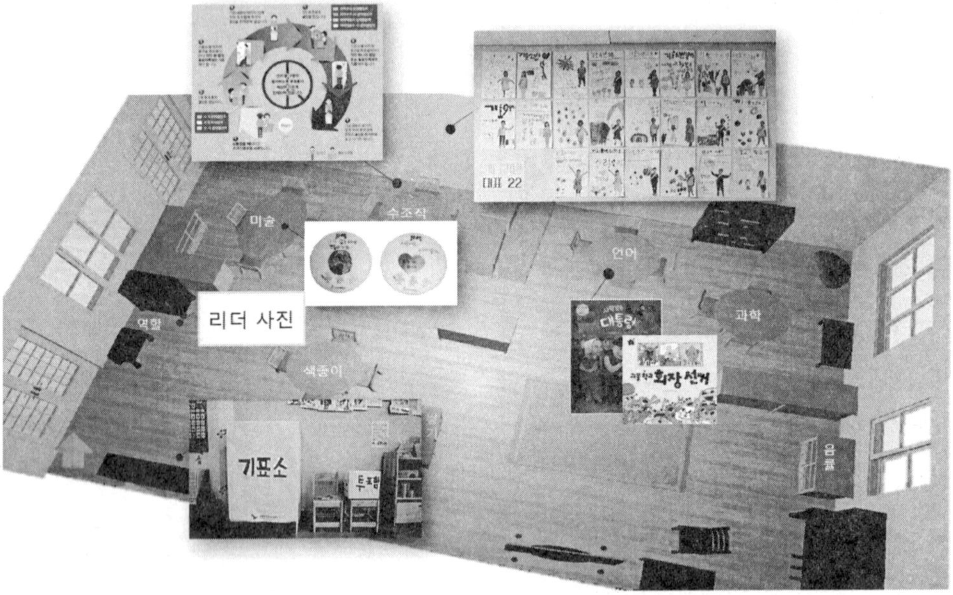

[그림 2-15] '우리 반 선거' PBL의 환경구성안

4. 가정통신문 개발 및 발송

교사는 문제 개발, 활동예상안 개발, 수업자료 제작, 학습환경 구성을 마치면 유아의 학부모에게 PBL 수업을 진행하는 것을 알린다. 교사는 유아의 학습을 위해 학부모와 긴밀한 관계를 형성하고 유지해야 한다. 유아의 안전과 발달에 적합한 학습 경험을 제공하기 위한 가정에서의 유아의 반응을 파악과 유아 개개인의 욕구를 충족시키고 일상생활과 경험을 구성할 때 긴밀한 지원을 하기 위해서 학부모와의 긴밀한 관계는 중요하다. 교사는 가정에서의 유아가 PBL 수업에 참여하면서 바라는 기대와 요구사항을 알고, 탐색활동과 문제해결활동을 지원받기 위해서 학습과정을 안내하고 결과를 공유해야 한다. 다음 [그림 2-16]은 '놀이터 음악회' PBL의 종료

를 알리기 위한 가정통신문 사례이다.

가 정 통 신 문

OOOO.OO.OO.

안녕하십니까?

이제 겨울도 서서히 우리 곁을 떠나가고 있는 듯합니다. 다가올 새 봄 만큼이나 우리의 아이들은 예쁘게 자랐습니다. 그 동안 원에서의 재미있고 즐거웠던 시간이 우리 아이들의 멋진 추억이 되었으면 하는 바람도 간절합니다. 이제 새로운 생활을 시작하게 될 아이에게 힘찬 격려와 사랑을 표현해 주십시오. 한 달간 진행하였던, '놀이터 음악회' PBL 수업을 마치며 아이들이 준비한 음악회에 학부모님들은 초대하고자 합니다.

- 일 시 : OOOO년 OO월 OO일 OO시(화) - 정상 등원 및 정상 귀가
- 대 상 : 고운반, 열매반, 씨앗반
- 장 소 : 우리 유치원 강당

학생들이 정성들여 준비한 '놀이터 음악회' PBL 최종 발표회에 학부모님들의 많은 관심과 참여를 부탁드립니다.

[그림 2-16] **'놀이터 음악회' PBL의 가정통신문**

5. 교사 중간 점검

PBL 수업을 처음 준비하는 교사는 과연 잘 준비하고 있는지를 고민하게 된다. 따라서 교사 스스로 중간 점검을 할 수 있게 〈표 2-7〉를 제시하였다. PBL 과정을 이해하였는지, 문제에 들어갈 요소가 잘 포함되어 있는지, 수업 실행하기 전에 수업계획안에서 점검해야 할 것을 중간 중간 점검하면서 파악할 수 있다.

〈표 2-7〉 PBL 수업 준비과정 점검을 위한 유아교사의 자기점검표

구 분		내 용	O	X
1	PBL 절차에 대한 이해	문제 제시-문제해결을 위한 사전활동-문제해결을 위한 전개활동-문제해결안 정리 및 발표-수업 평가의 단계로 이어지는 PBL 절차를 이해하였다.		
2	비판적 문제 분석	유아가 이미 알고 지식과 경험 바탕으로 문제 내용을 비춰보고 자세히 살펴보았다.		
3	문제의 핵심 파악	문제에 등장하는 주인공의 입장에서 문제 상황을 인식하고, 문제에서 요구하는 핵심 내용을 정확히 이해할 수 있게 개발하였다.		
4	문제 개발을 위한 적극성	문제 개발과 관련 수업자료 탐색을 충분히 하였다.		
5	학습 목표 도출	제시된 문제를 해결하기 위해 핵심 지식과 활동을 분류하고 학습목표를 세웠다.		
6	문제해결안	문제를 해결하기 위한 생각들을 고려하여 제시하였다.		
7	알고 있는 사실들	주어진 문제로부터 알 수 있는 사실, 관련 경험들을 정리할 수 있게 제시하였다.		
8	알아야 할 사항들	문제해결을 위해 꼭 알아야 할 지식, 기술, 태도 등이 무엇인지 분류하고 정리할 수 있게 제시하였다.		
9	수업계획안 작성	유아의 의견이 반영된 수업계획안을 작성하였다.		

3장

PBL 수업 실행

유아교육 PBL 수업 실행에서 교사는 교육의 질에 있어서 중요한 요소이다. 특히 유아의 유인지적·정의적·사회적 측면을 강화를 결정하는 교사와 유아 간의 상호작용 전략 선정은 매우 중요하다. Bredekamp와 Rosegrant(1992)가 제시한 8가지의 상호작용전략은 교사의 실천을 구체적으로 제시해주고 있다. ① 인정하기(acknowledge)는 유아가 활동하는 과정에서 따뜻한 눈빛과 칭찬하기, 긍정적 언어를 사용하면서 안정감을 느끼고 자신의 활동에 확신을 가질 수 있게 한다. ② 모델보이기(model)는 유아에게 직접적이거나 지시적이지는 않지만, 교사가 유아 활동의 모범을 보여줌으로써 협력학습을 어떻게 해야 하는지 모델이 되어야 한다. ③ 조성하기(facilitate)는 유아가 다음 단계로 이동할 수 있는 준비가 되었을 때 스스로 문제해결을 할 수 있도록 일시적으로 다리를 놓아주는 교사의 상호작용 행동으로, 당황해 하고 있는 유아가 두려워하지 않고 활동할 수 있도록 개입해 주어야 한다. ④ 지지하기(support)는 조성하기와 유사하지만 지속적으로 도움을 제공함으로써 교사의 개입정도가 더 높은 활동이다. 즉, 조사와 탐색활동이나 교사가 계획한 활동을 어려워하는 유아가 있다면 교사가 더 분명하게 도움을 주어야 한다. ⑤ 스캐폴딩하기(scaffold)는 유아의 실제적 발달 수준을 기초로 하여 잠재적 발달수준으로 나아갈 수 있도록 도움을 주고 도전해

볼 수 있게 기회를 제공해 주어야 한다. 처음에는 교사가 목표 성취를 위해 최대한 도움을 주지만 점차 유아의 능력이 증가함에 따라 유아가 과제에 대해 보다 많은 책임을 맡을 수 있도록 교사의 도움을 줄여나가는 것이다. 최종적으로 유아는 교사의 도움없이 과제를 성취할 수 있도록 뒤로 물러나기를 해야 한다. ⑥ 함께 구성하기(co-construct)는 교사가 적극적으로 함께 배우고 문제를 해결해 나가는 것으로 유아들이 실제 문제의 해결안을 적용하면서 만들거나 발표자료를 준비할 때 같이 만들어 나갈 수 있으므로 유아들은 문제해결안의 실패에 대한 두려움을 줄이고 교사를 통해 배워 나갈 수 있다. ⑦ 시범보이기(demonstrate)는 교사가 보다 적극적으로 시범을 보이고, 유아는 그 결과를 관찰하고 그대로 따라하는 활동이다. 유아가 잘못된 방향으로 진행하고 있거나 안전하지 않다고 판단될 때 의도적으로 사용하는 방법이다. ⑧ 지시하기(direct)는 교사가 요구하는 방향의 행동이 일정한 방법으로 이루어질 수 있도록 구체적으로 전달하는 것으로서 유아에게 주어진 과제가 반드시 특정한 방법으로 수행되어야 할 때 사용한다.

교사는 이와 같은 8가지의 상호작용 유형을 선택적으로 활용하여 유아가 문제를 해결할 수 있게 지원한다.

이러한 상호작용 전략은 [그림 2-17]과 같이 PBL 수업 과정에서 유아의 능동적인 학습과 교사의 적극적인 조력이 일어날 수 있는 상황에 따라 적절하게 선택되어야 하며, 단순히 유아의 흥미와 욕구에만 의존하는 것을 경계한다. 또한 PBL 수업은 집단속에서 개성을 살려 공동작업을 할 수 있게 지도해야 하므로 발달에서의 개인차와 함께 흥미, 기질, 상호작용 양식 등 유아의 나름의 독특한 특성에 유의하여 지도해야 한다. 이러한 특성에 따라 교사는 면밀하고 세밀히 관찰하여 긴밀한 상호작용을 인지적 측면, 사회적 측면, 정서적 측면을 고려하여 시도해야 한다.

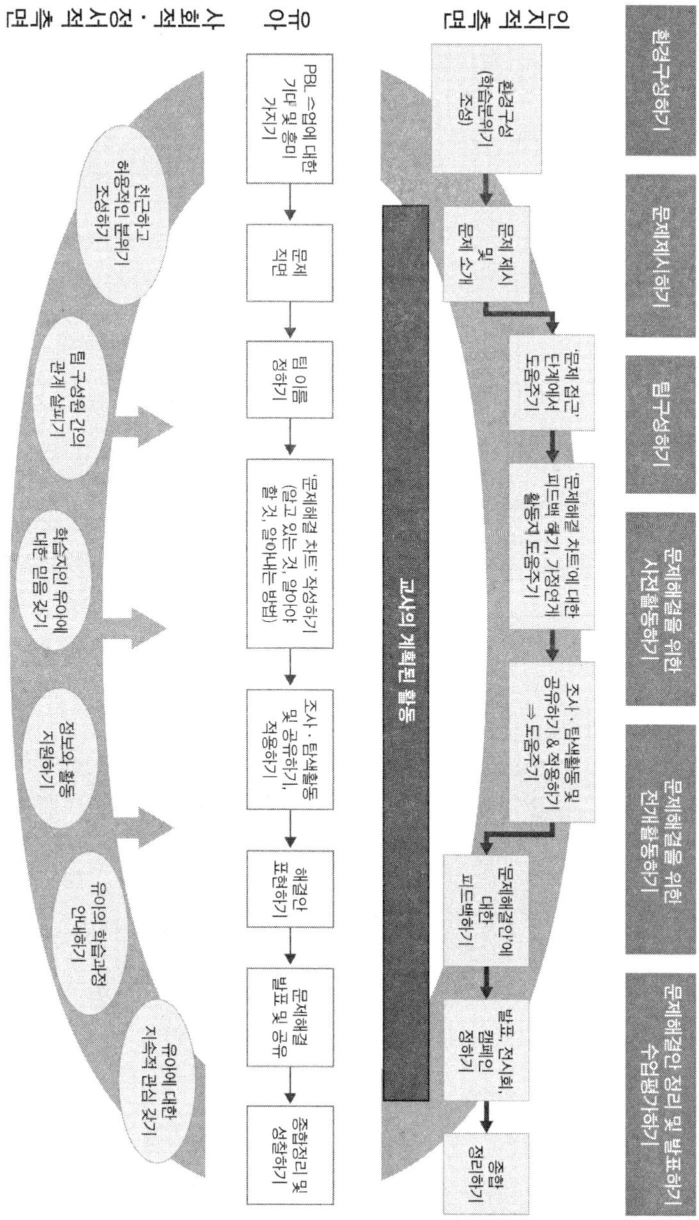

[그림 2-17] PBL 수업 실행단계에서의 교사활동과 유아지원

출처: 최정임, 장경원(2015). PBL로 수업하기(2판). 학지사. p.206 재구성.

1. 문제 제시

PBL은 유아에게 문제를 제시하면서 시작된다. 유아는 제시된 PBL 문제를 통해 문제에 대한 내용을 파악한다. 문제제시는 유아가 문제를 해결하고자 하는 욕구를 불러일으키고 호기심과 흥미를 이끌어 내야 한다. PBL 문제 자체가 학습의 동기이자 출발점이며 계속해서 학습을 이끌어 갈 만한 충분한 동인이 되기 때문이다(조연순, 2006).

유아의 호기심과 흥미를 이끌어 내기 위해서는 학습자원이 중요하다. 문제를 단순히 읽어주거나 보여주며 제시하는 것이 아니라, 흥미를 가지고 나의 문제처럼 동일시할 수 있는 다양한 동영상, 동화책, 역할극, 편지, 신문, 뉴스 등의 자원을 활용하는 것이 좋다. 또한, 문제제시에 사용한 자료는 유아들이 몰입을 하고 문제의 내용을 파악할 수 있는 자료여야 한다. 다음 [그림 2-18]의 '북극곰의 눈물' PBL 문제를 위해 북극곰과 관련된 동영상을 제시하였다.

[그림 2-18] '북극곰의 눈물' PBL 문제제시 전 흥미유발

출처: https://www.youtube.com/watch?v=q33flAE5VOo

다음 [그림 2-19]의 '북극곰의 눈물' PBL 문제를 '북극곰의 편지' 형식으로 제시하였다. 문제제시를 할 때에는 가능한 한 다양한 실제적인 자료를 보여주는 것이 유아들이 문제상황에 몰입할 수 있기 때문에 유익하다. 이때 교사는 문제를 제시하면서 왜 북극곰의 집이 녹고 있는지, 왜 북극곰이 사라지고 있는지에 대해서 자연스럽게 물어보며 PBL 문제를 제시한다. 교사는 유아들의 표정과 대답하는 내용을 잘 듣고 유아들의 경험과 사전지식과 관련될 수 있게 발문을 하여 유아들이 스스로 비판적 사고를 할 수 있도록 도와야 한다.

OO반 친구들!

지구가 점점 뜨거워져서 북극의 얼음들이 녹고 있어요.

그래서 엄마와 아기 북극곰이 살고 있던 집도 녹아버려서 집을 잃어버리게 되었어요!

엄마와 아기 북극곰이 북극에서 맛있는 먹이도 먹고 편안하게 살 수 있는 집이 필요해요.

OO반 친구들이 북극곰의 집 설계자가 되어서 집을 지어주세요!

[그림 2-19] '북극곰의 눈물' PBL 문제제시

문제를 제시한 이후에는 유아가 문제파악을 하였는지에 대한 확인이 필요하다. 유아가 대답한 내용들을 통해 교사는 유아들의 문제해결을 위해 알고 있는 사전지식 수준을 파악할 수 있기 때문에 문제파악의 과정은 중요하다. 교사는 문제파악에 대한 발문을 할 때, 일부의 유아에만 제한된 내용보다는 모든 유아들이 참여할 수 있도록 발문에 신경써야 한다. 다음 〈표 2-8〉은 '북극곰의 눈물' PBL 문제를 파악하였는지 확인하기 위한 발문 예시이다.

〈표 2-8〉 **'북극곰의 눈물' PBL 발문 예시**

발문 예시
1. 아주 추운 북극나라에서 북극곰이 살고 있는데 북극곰의 집이 녹고 있대요. 북극곰의 집이 왜 녹고 있을까?
2. 뉴스에 북극곰이 사라지고 있다는 이야기가 실렸어요. 북극곰들은 왜 사라지고 있을까요?
3. 북극곰이 편지에 여러분에게 무엇을 만들어 달라고 하나요?
4. 우리는 북극곰의 집을 만드는 설계자가 될 거예요. 집을 만들려면 무엇을 알아야 하나요?

유아의 문제파악뿐만 아니라 역할이나 학습내용에 대한 인지를 확인하기 위해서 교사는 유아의 대답을 칠판에 적어 다 같이 보게 해 주는 것이 좋다. 연령이 낮은 유아나 문제를 파악하지 못한 유아는 다른 유아가 대답한 답을 듣고 문제를 어떻게 해결할 수 있는지에 대한 정보를 파악할 수 있기 때문이다.

2. 문제해결을 위한 사전활동

(1) 팀 구성

PBL 수업 실행은 개별활동, 그룹활동으로 진행된다. 교사와 유아의 상호작용과 유아 간의 상호작용을 고려할 때 4~5명의 유아를 소그룹으로 편성하는 것이 좋다. 그룹을 정할 때, 제비뽑기, 가위바위보, 유아 스스로 그룹을 정하는 방법을 사용하고, 팀이 짜여진 이후 유아들이 자유롭게 팀 이름을 정할 수 있게 시간을 준다.

교사는 팀을 구성한 이후 유아들의 연령과 사전지식 정도, 활동성향 등을 파악하여 재조정할 수 있다. 이외에도 모든 유아의 적극적이고 주도적인 참여와 팀내 분쟁해결 등을 위해서는 팀 구성에 대한 교사의 개입이 필요하다.

(2) 문제해결 차트 만들기

문제해결을 위한 사전활동은 문제를 해결하기 위해 알고 있는 것과 모르는 것을 알아내고, 어떻게 해결하여 궁금증을 풀 것인지 계획하는 단계이다. 앞 단계인 문제파악 단계에서 문제를 파악하는 발문을 통해 유아들의 대답이 알고 있는 것, 모르는 것, 궁금한 것을 일부 수집할 수 있다. 교사는 관련된 내용을 수합할 수 있도록 문제해결 차트를 만들어서 게시판에 게시한다(〈표 2-9〉 참조).

수업 내에서는 일부만 수합될 수 있기 때문에 가정연계활동을 통해서 관련 내용을 풍부하게 수집할 수 있다. 가정연계활동으로는 활동지 유형으로 과제를 내어주고 그 내용들을 수합하여 차트에 정리하여 차트를 게시판에 붙여놓아서 유아들이 언제나 읽을 수 있는 기회를 제공한다. 가정연계활동지를 수업시간에 발표할 때에는 유아 한 명씩 발표할 수 있게 지도하며 그 내용을 교사는 칠판에 적고, 유아들에게 나온 궁금증 질문들의 결과를 예측해 보게 한다. 예측해 본 내용이 맞는지 각 팀으로 나누어 어떻게 알아볼 것인지 방법을 계획하게 한다. 다음 [그림 2-20]은 '북극곰의 눈물' PBL에서 활용할 수 있는 가정연계활동지의 예시이다. 가정연계활동지를 통해 유아가 알고 있는 내용을 유아 각각 구체적으로 확인할 수 있으며, 동시에 학부모에게는 유치원에서 이루어지고 있는 PBL 내용을 안내할 수 있다.

〈표 2-9〉 문제해결 차트 (예시)

알고 있어요	알아야 할 것(궁금한 것)	알아내는 방법	예측해보기
1) 2) …	1) 2) …	1) 2) …	1) 2) …

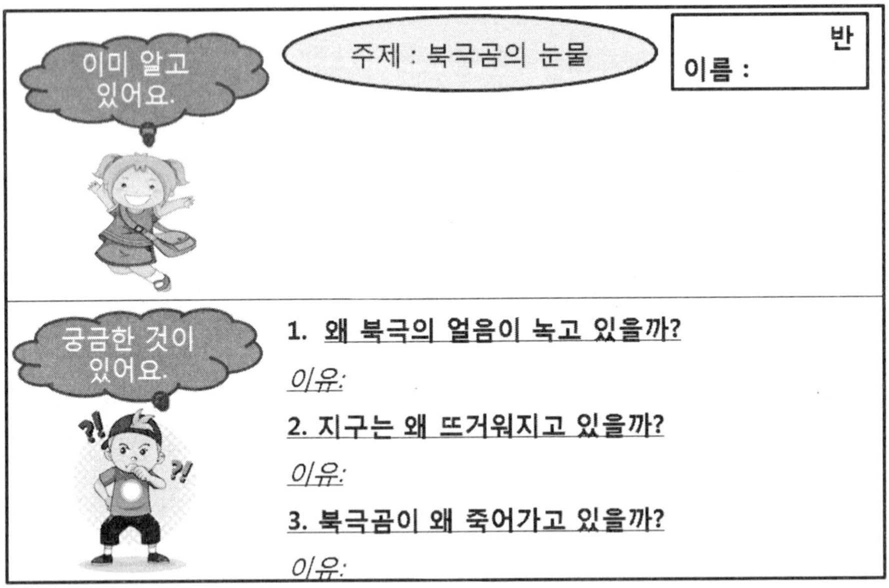

[그림 2-20] '북극곰의 눈물' PBL 가정연계활동지 예시

수업 중에 문제해결 차트를 완성할 경우에는 대집단이나 소집단 활동을 진행할 수 있다. 대집단 활동으로는 PBL 문제를 회상하고 브레인스토밍으로 궁금한 점을 모은다. 브레인스토밍에 나온 질문들을 유목화하여, 팀에서 하나의 질문을 선택하고,

그 질문에 대한 결과를 예측하게 한다. 또한 대집단별로 어떤 방법으로 궁금증을 해결할지 계획하게 한다. 소집단 활동은 각 집단 별로 궁금한 내용을 발표하게 한다. 교사는 그 질문들을 질판에 적고 궁금한 내용을 유목화한 이후에 질문의 결과를 예측해 본다. 그 이후에 그 질문을 제시한 팀은 예측한 결과가 맞는지 어떻게 알아볼 것인지 방법을 정한다.

이 과정에서 유아들이 인지적인 정보와 지식에 해당되는 내용들이 많으므로 교사는 책, 전문가 초청, 직접적인 실험 등의 다양한 방법을 제시해 주어 유아들이 생각해 보도록 유도해야 한다.

3. 문제해결을 위한 전개활동

PBL 문제를 해결하기 위한 전개활동 단계에서는 유아가 계획한 것을 조사하고 공유하며 실제 적용해 본다. 이 단계에서는 교사는 앞서서 개발한 활동계획안을 적용할 수 있다. 이는 자칫 유아의 흥미중심과 낮은 수준의 탐색으로 흘러갈 수 있는 것을 방지하고, 다 영역의 균형 있는 활동을 체험하여 깊이 있는 문제해결을 도울 수 있다. 또한 교사는 PBL 문제에서 핵심개념과 용어를 학습할 수 있게 활동을 계획해야 한다.

교사는 유아가 계획한 조사가 문제를 해결하는 데 도움이 되는지 코칭하며, 유아가 낙심하지 않도록 발문에 신경을 써야 한다. 특히 유아가 문제해결을 위해 재조사할 경우에는 다시 도전할 수 있게 독려함과 동시에 어떻게 조사하고 탐색해야 할지 지원해 준다.

(1) 조사하고 공유하기

PBL 사전활동에서 질문에 대한 답을 구하기 위해 조사 · 탐구할 때에는 실물자료를 활용하는 것이 좋다. 실물자료는 1차적 자원과 2차적 자원에 해당하며 관찰할 수 있는 표본, 자연물, 책 또는 동영상, 뉴스 등 다양한 수업자료를 제공하여야 한다. 그러나 유치원에서 모든 실물자료를 준비하기 어려운 경우들이 있으므로 가정의 협조를 구할 수 있다. 가정활동과의 연계는 유아가 PBL 수업을 적극적으로 참여함과 동시에 다른 유아에게도 유치원에서 제공하지 못하는 다양한 수업자료를 공유할 수 있는 경제적인 방법이다.

실물자료를 통한 조사 · 탐구활동 외에도 다음 〈표 2-10〉과 같은 조사방법을 활용할 수 있다. 인터뷰 조사는 유아의 주변인이나 전문가에게 질문하는 방법이다. 예를 들어 꽃집 플로리스트에게 먹을 수 있는 꽃과 먹을 수 없는 꽃을 질문하여 그 결과를 작성할 수 있다. 기호도조사는 우리 가족이 좋아하는 꽃을 조사하여 그래프로 통계활동을 할 수 있다. 비교조사는 초식동물과 육식동물의 이빨을 비교하는 이분법 도표, 벤다이어그램으로 정리할 수 있다. 관찰조사는 어떤 사물을 지속적으로 관찰하여 그 변화과정을 조사하여 기록하는 방법으로 강낭콩 씨앗을 관찰하거나 계절별 과일의 단면을 관찰할 수 있다. 실험조사는 문제에 대해 예상한 결과를 실험을 통해 검증하는 방법이다. 북극곰의 집을 지어주기 위한 PBL에서는 얼음은 언제 얼고, 언제 녹는지를 실험조사를 할 수 있다. 설문조사는 질문지를 통해서 조사의 목적을 달성하는 방법으로 만족도조사, 여론조사 등이 있다. 유아에게는 북극곰을 위해 우리가 할 수 있는 활동은? 이라는 주제로 설문을 실시할 수 있다.

〈표 2-10〉 PBL의 조사활동

구 분	내 용	예 시
인터뷰 조사	- 유아의 주변인이나 전문가에게 질문하는 방법	- 꽃집 플로리스트에게 먹을 수 있는 꽃과 먹을 수 없는 꽃을 질문하기
기호도 조사	- 선호도나 기호도를 조사하는 방법	- 우리가족이 좋아하는 나무를 조사
비교 조사	- 공통점과 차이점을 비교하는 방법	- 초식동물과 육식동물의 이빨을 비교
관찰 조사	- 어떤 사물을 지속적으로 관찰하여 그 변화과정을 조사하여 기록하는 방법	- 강낭콩 씨앗을 관찰하거나 계절별 과일의 단면을 관찰
실험 조사	- 문제에 대해 예상한 결과를 실험을 통해 검증하는 방법	- 얼음은 언제 얼고, 언제 녹는지 실험
설문 조사	- 질문지를 통해서 조사의 목적을 달성하는 방법	- 북극곰을 위해 우리가 할 수 있는 활동 설문

PBL 전개활동에서 조사・탐구활동할 때에는 모든 활동을 유치원에서 제공하려고 하는 것보다는 가정과 연계하여 과제활동지를 통해 그 결과를 조사하여 수합하는 것이 효율적이다. 가정에서 조사한 내용을 같은 조의 유아들과 발표를 통해 공유하거나 같은 반 유아들과 전체 공유할 수 있도록 지도해야 한다. 이때 조사・탐구활동을 한 결과와 사전활동에서의 질문의 예측한 결과와 비교할 수 있게 지도해야 한다. 개별활동이나 2~3인의 소그룹활동으로 조사・탐구활동을 하는 방법이 있다. 개별활동일 경우에는 난이도가 낮은 조사・탐구활동이거나 짧은 시간의 활동일 때 사용하는 것이 적합하다. 2~3인의 소그룹활동으로 진행할 때에는 가정에서의 연계활동지로 정보가 공유된 상태에서 좀 더 심화된 질문을 조사・탐구활동을 할 때 적용하는 것이 적합하다.

조사한 내용을 발표한 이후에는 조별로 게시판에 붙이는 방법을 활용함으로써 그 결과에 대한 다양한 내용을 알 수 있을 뿐만 아니라 그에 따른 새로운 질문이 파생될 수 있기 때문에 유아의 순환적 질문하기 활동을 지속시킬 수 있다.

(2) 적용 및 수정하기

적용하기는 팀별활동을 진행하며 실제 질문의 해결안을 토의를 하며 직접 만들어 보거나 해결방법을 표현하는 단계이다. 이 단계에서는 유아가 PBL 문제에 대한 이해를 하고 있고, 사전활동을 통해서 모르는 내용을 질문으로 도출하여, 그 결과를 예측하고 조사·탐구활동을 통해 예상안의 결과를 비교해 보았기 때문에 PBL 문제 해결할 수 있는 답을 가지고 있는 상태이다.

적용하기에서 교사는 유아가 해결방법을 표현할 수 있는 수업자료를 준비하고, 각 팀별로 문제에 대한 과정이 올바른지 〈표 2-11〉과 같은 발문을 통해 확인할 수 있도록 지원해야 한다. 유아 모두의 참여를 독려하면서, 상호작용 전략인 탐색, 제안, 지시, 설명, 시범, 확장, 지지, 예측, 촉진, 분석의 방법을 사용한다. 유아의 해결방법이 실패했을 때에는 교사가 독려하여 재도전하여 최선을 다해 마무리할 수 있도록 해야 한다. 또는 유아 스스로가 실패한 이유가 무엇인지를 파악할 수 있게 지도해야 한다. 해결안을 직접 만들어 보는 경험은 스스로의 만족감, 소속감, 완성을 한 성취감을 고취할 수 있으므로 교사는 유아의 행동을 주의 깊게 관찰해야 한다.

또한 교사는 PBL 수업의 준비단계에 계획한 활동계획안을 실행하는 단계이다. 교사가 계획한 활동계획안은 PBL 전 과정을 진행하며 적절한 때에 선택하여 활용한다. 교사의 개입이 필요할 때에는 유아의 개념, 보충활동이 필요한 경우로서 교사의 계획된 활동을 통해 균형잡힌 PBL 수업을 전개할 수 있다. 유아가 개념에 대해서 정확히 파악하지 못할 때에는 오개념이 구성될 수 있기 때문에 교사의 적절한 개입은 매우 중요하다. 또한 교사의 계획된 활동은 문제해결에만 집중할 수 있는 수업을 다양한 활동을 통해 다양한 누리과정 영역의 교육목표를 달성할 수 있다.

〈표 2-11〉 PBL 단계별로 유아교사가 유아의 활동을 촉진할 수 있는 질문 목록표

단 계	질 문
팀 구성 후 또는 팀 구성이 이루어져야 할 때	- 팀을 만들려면 어떤 방법을 사용해야 할까요? (가위바위보 등) - 우리의 강점(장점)은 무엇인가요? - 어려움에 부딪혀도 우리가 해결할 수 있는 힘은 무엇일까요? - 우리의 능력을 높이 발휘시킬 수 있는 방법은 무엇인가요?
문제에 대한 이해를 촉진시키고자 할 때	- 지금 문제에서 문제해결 주인공이 해결해야 하는 것은 무엇인가요? - 문제에서 현재 상황이 가지고 있는 중요한 특성은 무엇인가요? - 문제해결의 주인공은 어떤 역할을 해야 하죠?
문제확인 및 문제해결 차트를 만들 때	- 문제를 해결하기 위해 무엇을 알아야 할까요? - 문제를 해결하기 위해 어떤 자료를 찾아보면 좋을까요? - 지금까지 이야기한 것 이외에 무엇을 더 알아보면 좋을까요? - 문제에 제시된 내용 중 여러분이 이미 알고 있는 것은 무엇인가요? - 문제해결에 도움이 되는 시식이나 경험이 있다면 이야기해 주세요.
탐색이나 분석을 촉진할 때	- 이러한 현상이 발생하는 원인이 무엇일까요? - ~라고 말했는데, 그 이유가 뭐라고 생각하나요? - 그렇게 한다면 어떤 결과가 발생할까요? - 그들이 (진정)원하는 것이 무엇이라고 생각하나요? - 을 위해 우리가 살펴보아야 할 사항들은 무엇이죠? - 그 대안의 장단점은 무엇인가요? - 그것을 실행한다면 어떤 어려움을 예상할 수 있을까요? - 어떤 결론을 예측해 볼 수 있을까요?
학습을 유도할 때	- 우리가 알아야 할 것이 무엇인가요? - 그것을 확인하기 위해 무엇을 알아야 할까?
새로운 시각을 촉진할 때	- 왜 그렇게 생각하나요? - 그 문제를 다른 관점에서 볼 수 있나요? - 만일 ~한다면 어떻게 될까요? - 그것을 다른 방법으로도 할 수 있을까요? - 우리가 생각할 수 있는 다른 방법은 무엇일까요?
PBL 마무리 이후 성찰의 기회를 줄 때	- 문제를 해결하면서 무엇을 알게 되었나요? - (그러한 경험을 통해) 우리가 배울 점은 무엇인가요? - 어떤 성과를 얻었다고 생각하나요?

단 계	질 문
	- 그 대안이 어떤 점에서 실질적으로 도움이 될 것이라고 생각하나요? - 이 문제에 당신은 어떻게 기여했나요? - 이 문제를 다시 시작한다면 바꾸고 싶은 점은 없나요? - 문제해결 목표를 충분히 달성했다고 생각하나요? (예/아니오) 어떤 점에서 그렇죠? - 그 문제를 해결하기 위해(결과물을 얻기 위해) 살펴본 점은 무엇이죠? - 문제해결 과정이나 결과물에서 잘 했던 것이 무엇인가요? - 문제가 우리의 학습에 도움이 된 것은 무엇인가요? (가장 가치 있는 학습은 무엇이었나요?) - 함께 활동을 하며 무엇을 배웠나요? - 우리가 알게 된 사실을 어떻게 적용할 수 있을까요? - 더하고 싶은 질문이 있나요?

4. 문제해결안 정리 및 발표

문제해결안 발표하기 단계에서는 PBL 활동의 마무리 단계이며, 각 팀마다 고안한 해결방법을 유아의 수준과 선호에 따라 발표하면서 창의성과 발표력이 향상된다. 또한 다른 유아의 문제해결방법의 다양한 발표를 보면서 비판적 사고력을 향상시킴과 동시에 우리 팀의 해결방안과 비교할 수 있다. Barrows(1985)는 문제해결안 중 가장 좋은 해결방법을 투표로 선정하여 그 방법으로 다시 해결안을 표현해 보도록 권하고 있다. 예를 들어 전시회나 캠페인을 하는 절차도 있으나, 유아교육 현장에서는 유아 개개인의 과정평가를 중시하고 있기 때문에 각 팀의 해결방법을 발표하는 것이 적당하다.

각 팀의 문제해결안 발표를 할 때에는 각 팀의 구성원인 유아들이 각자의 역할을 정하여 모두 참여할 수 있게 지도해야 한다. 발표순서 정하기, 역할 정하기를 할 때에 제비뽑기, 가위바위보하기, 사다리타기 등의 방법을 유아들의 기호에 따라 선택

한다. 유아들이 문제해결안을 발표한 이후에는 이것을 부모님이나 유치원 동생들과 친구들에게 전시회로 구성하여 재발표하거나 캠페인 등의 실천적인 행동으로 유도할 수 있다.

문제해결안 발표를 할 때에 교사는 환경을 사실적인 공간으로 구성해야 한다. PBL 문제는 현실의 실제적이고 복잡한 상황을 배경으로 하기 때문에 문제해결안 발표에서도 실제 세계와 유사한 환경에서 할 수 있도록 환경을 구성하는 것이 문제의 배경의 이해를 돕고 몰입감을 높일 수 있다. 예를 들어 '북극곰의 눈물' PBL 결과를 발표할 때에는 교실을 북극곰이 사는 북극으로 구성하거나, '우리 반 선거' PBL을 발표할 때에는 투표소와 개표소로 교실을 꾸며야 한다.

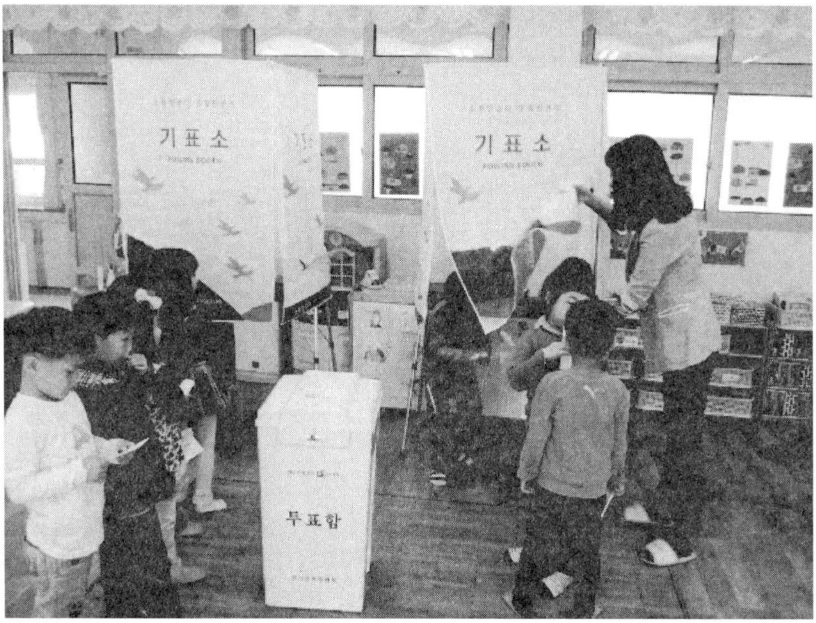

[그림 2-21] '우리 반 선거' PBL 문제해결안 발표 및 정리하기

출처: http://gb.nec.go.kr/gb/gbgumi/sub12.jsp?brdType=R&bbIdx=21568

4장

PBL 수업 평가

평가란 목표달성 정도를 알아보는 과정이며, 객관적 자료 수집을 통해 영유아의 행동을 과학적으로 이해하는 수단으로 교육과정 전반을 살펴보는 것이다. 평가는 교육의 모든 과정과 관련이 있다. 교육의 목적과 목표가 달성됐는지, 내용선정과 조직이 잘 되었는지, 교수학습방법이 잘 되었는지 재조직하는 기능을 하는 것이다. 평가란 질 높은 교육과정을 하는 데 필수적인 단계이다. 객관적인 자료를 수집하여 영유아의 행동을 과학적으로 이해하는 수단이라고 설명할 수 있다.

평가의 기능은 교육목표의 달성도를 파악하고, 유아 교육활동의 개선방안을 모색하는 것이다. 어느 정도 성취되었는지를 점검하고 유아의 개인차를 분석하여 유아의 개별 발달 및 특성 기질 흥미를 반영하여 차후 교사의 학습지도법을 개선하는 자료로 사용한다. 가정에서도 유아의 발달단계와 특성을 전달하여 이해하는 이해자료로 제공할 수 있다. 객관적이고 타당한 유아교육의 평가는 교수학습을 반성하고 개선하는 기능을 하게 된다. 평가의 기능을 종합해 보면, ① 교육과정을 계획하기 전에 유아의 흥미와 관심사를 파악하기 위한 것이다. ② 교육과정 진행 시 교육과정의 각 요소들이 적절히 배치되었는지, 교사가 잘 구성하였는지, 구성한 것들이 교육목표를 달성했는지 파악하기 위해서 이루어지는 것이다.

평가의 목적과 내용은 과정 계획의 적합성과 효율성을 높이고, 환경과 자원의 측면에서 적절하게 지원하고 개선하는 데에 있다. 교사 스스로 자신의 역할과 교수방법을 점검하고 평가함으로써 교사의 전문성을 높이고 자질을 향상시키는 기능을 한다.

PBL 평가는 〈표 2-12〉와 같이 교사가 준비하는 단계부터 마무리하는 전 과정을 평가한다. 구성원인 유아-교사-학부모 평가를 반영하여 향후 PBL 수업을 설계하고 계획할 때 반영하여 질적으로 높은 수업을 모색하기 위해 반드시 필요한 과정이다. 또한 PBL 수업을 계획함과 동시에 교사는 수업목표를 설정하면서 수업 평가의 방법과 시기를 고려해야 한다. 본 교재에서 PBL 수업의 평가는 활동에 대한 후행활동 평가와 PBL 활동 참여자인 유아-교사-학부모의 평가로 나누어 설명한다.

〈표 2-12〉 PBL 수업 평가 요소

구 분	평가 요소
교육목표	- 기본적인 교육에 대한 철학을 잘 반영하고 있는가? - 유아의 필요와 요구에 잘 맞는 목표인가? - 유아의 누리과정 영역별 목표가 균형 있게 반영되어 있는가? - 성취 가능한 목표인가?
과정 계획	- 교육목표에서 제시한 내용을 전개할 수 있도록 계획되어 있는가? - 쉽게 이해할 수 있도록 제시되어 있는가? - 절차, 방법, 자료의 계획이 상호 밀접한 관련이 있는가? - 유아의 발달적 · 심리적 수준을 고려하여 연속성 있게 조직되었는가? - 교사에게도 적합한가?
교수학습과정	- 주제의 내용이 유아의 발달적 수준과 흥미, 요구 등을 고려하였는가? - 교수학습과정에서 유아의 참여도는 어떠한가? - 동적인 활동과 정적인 활동, 실내활동과 실외활동, 대소집단 활동, 교사주도활동과 유아주도 활동 등 균형 있게 제공되었는가? - 유아와 교사, 유아와 또래, 유아의 교구 간의 상호작용이 원활하게 이루어지도록 고려되었는가? - 교수학습방법이 유아의 발달, 흥미, 안전, 교육과정의 특성에 맞게 적용되었는가? - 교육환경 및 교육자료가 활동 주제와의 연계성, 개인차, 심미성, 공간구성의 적절성 등을 고려하여 구성되었는가?

구 분	평가 요소
교육평가	- 평가계획은 교육목표의 모든 내용을 고려하고 있는가? - 평가의 목표에는 포함되어 있지 않았지만 유아에게 중요한 변화를 일으킨 교육과정은 무엇인가? - 평가의 내용과 방법이 타당하고 신뢰성이 있었는가? - 평가의 결과에서 시사하는 바를 새로운 교육과정의 수립에 어떻게 반영할 것인가?

1. 후행활동

전 과정을 회상하는 활동인 후행활동은 PBL 수업을 모두 종료한 이후에 실행한다. 후행활동으로는 이야기 나누기, 단어방 만들기, 문제지도 만들기 활동이 있다.

첫째, 이야기 나누기는 유아에게 PBL 전 과정을 회상하며 어떠한 과정을 통해 학습하였는지 확인하는 활동이다. 반성적 사고를 하여 성찰할 수 있는 기회를 제공한다. 유아는 성찰을 통해 다음의 학습계획을 실천할 수 있는 동기를 마련하고 자신의 태도를 반성하며 적극적으로 수업에 참여하도록 이끌어준다.

둘째, 단어망 만들기는 전체 과정을 회상하면서 PBL 문제와 관련된 단어를 나열하여 유목화하는 것을 말한다. 이를 통해 유아들의 핵심지식과 용어 등의 다양한 개념습득 내용의 전후를 평가할 수 있다.

셋째, 전체 과정 회상하기를 하면서 문제지도를 활용할 수 있다. 문제지도는 교사에게는 수업계획안이면서 유아에게는 활동과정안이다. 유아 개별 또는 모둠별로 문제지도를 완성하게 하거나 문제를 어떤 활동으로 풀어나갔는지 웹 형태로 시각적으로 쉽게 알아볼 수 있게 만든다. 개인 또는 각 모둠마다 문제를 다시 돌아보며 어떤 결과를 확인했는지 문제지도에 작성해 보고, 문제해결안에 적용했던 활동을 서로 연결 지어 각 팀의 문제지도를 완성시키는 활동으로 유아의 인과적인 관계의 이해를 돕고, 교사는 이를 평가할 수 있다.

2. 평가

(1) 유아평가

유아의 평가는 하루 일과 중에 이야기 나누기와 평가하기를 위한 시간과 공간을 활용할 수 있고, PBL 수업과정 중 마무리 단계인 문제해결안 발표와 평가하기 활동에서 전체 과정을 회상하며 재미있던 일, 다시 하고 싶은 활동, 어려웠던 일, 유아 자신이 가장 잘한 점 말하기, 팀 내에서 문제해결에 가장 큰 공헌을 한 친구 칭찬하기 등 개별평가와 팀 내 평가를 할 수 있다.

또한 유아 스스로의 개별평가는 매우 잘함 3점, 보통 2점, 못함 1점의 준거 평가를 할 수 있으며 유아가 준거를 이해하기 쉽게 얼굴표정(3점-웃는표정, 2점-무표정, 1점-슬픈표정)으로 점수판을 만들어서 객관적으로 평가한다. 또는 개별활동지를 활용하여 유아 스스로 평가하고 '잘했어요. 즐거웠어요, 힘들었어요, 보통이에요' 얼굴표정 스티커를 붙이거나 표정을 그리게 한다.

개별평가와 팀 내 평가 후에는 팀의 모둠 친구들과 문제해결을 할 때 재미있던 점과 즐거웠던 점이 반 친구들과 함께 앞으로도 잘 지켜낼 수 있도록 돕는 약속을 정하거나 모둠친구들과 문제해결을 할 때 힘들었던 점과 어려웠던 점을 해결하기 위한 약속을 정하기 활동을 통해 협력학습의 장단점을 찾아보고 향후 팀의 모둠활동을 할 때 개선할 수 있는 약속을 통해 성찰을 통한 인성교육을 할 수 있다.

또한 유아평가는 교사의 평정을 통한 평가를 포함하여야 하므로 PBL 과정 중에서의 비형식적 평가와 형식적 평가를 동시에 진행해야 한다. 비형식적 평가는 유아의 행동에 제한을 두지 않고 자연스러운 상황에서 폭넓게 수집할 수 있는 장점이 있다. 관찰의 일화기록 유형은 일지, 유아와의 대화내용이며, 보고서 유형은 개념 발달 보고서, 실험 · 견학 · 실습을 통한 평가, 포트폴리오 유형은 유아의 활동과 과정을 평가할 수 있다.

형식적 평가는 교사가 평가하려는 유아의 행동이 제한되어 있으며 일률적이고 통제된 절차에 따라 자료를 수집하는 방법이다. 예를 들어 문제해결력, 창의성, 사회정서 능력 등을 측정하고자 할 때에는 검증된 측정도구를 활용하여 객관적으로 평가할 수 있다. 그러나 주의할 점은 그 결과를 학부모와 공유하게 되면 다른 유아와의 비교로 인해 유치원 생활에 지장을 초래할 수 있으므로 공유하지 않는 것이 바람직하며 유아 개인의 윤리에 저촉되는 행위이므로 삼가야 한다. 이때 수집한 결과는 담임으로 하고 있는 유아들의 특성을 이해하고 발달 정도를 확인하는 데에 활용하는 것이 바람직하다.

유아평가는 유아 스스로의 평가와 더불어 스스로 PBL 문제를 도출하는 과정이므로 유아들이 평가에 즐겁고 자발적으로 참여하여 주도적인 과정이 되도록 교사는 평가방법과 내용, 시기를 준비해야 한다.

(2) 교사평가

PBL 수업과정에서의 교사평가는 교사 스스로 각 단계별로 제시된 체크리스트를 통해 점검할 수도 있지만 교사가 처음에 계획한 수업목표인 지식, 태도, 기술을 달성했는지를 평가한다. 이 외에 일과표나 수업계획안에 활동을 실행하고 평가하여 보완점을 작성하여 기록한 내용을 모아두어 교사용 포트폴리오처럼 활용할 수 있으며, 이때 각 유아에 대한 관찰과 일화기록 및 정보를 정리해 두는 것이 편리하고 차후 연계된 수업의 방향성을 설정할 수 있는 근거가 되므로 잘 기록해 두어야 한다. 또한 반성적 사고를 촉진하기 위한 교사의 성찰일지를 작성하는 방법이 있다. 성찰일지를 따로 작성하기보다는 수업계획안의 하단에 활동 후의 평가를 간략히 적거나 잘한 점과 향후 보완할 점을 가볍게 정리해 둔다.

(3) 학부모평가

유아교육에서의 가정은 교육의 효과를 높이는 연계된 장소이므로 공정한 평가를 위해서는 학부모의 평가도 반드시 수집되어야 한다. 가정에서의 유아 관찰 평가지를 매주 가정으로 보내서 확보할 수도 있다. 이때 학부모들이 가정에서의 유아의 행동을 쉽게 관찰할 수 있는 내용을 작성해서 보낸다. 예를 들어 가정에서 유아가 흥미있어 했던 일화나 내용, 가정연계 활동을 하면서 어려워했던 점, 향후 보완해야 할 점 등을 설문조사를 하는 것이 용이하다. 이러한 평가는 각 유아가 어떤 활동에 몰입하고 흥미로워 했는지, 유아의 개별특성이 어떠했는지를 파악할 수 있는 간접적인 자료로 활용할 수 있다.

평가는 교사에게 다음에 이루어질 PBL 설계에 반영하기 위한 전문성을 발달시키고 질 높은 수업을 제공하는 데에 의미가 있다. 또 유아는 평가를 통해 자기조절학습, 성취감, 문제해결력, 협력학습능력을 향상시키고 사회에 대한 이해에 도움을 줄 수 있다. 가정에서는 자신의 유아가 어떤 활동을 했는지, 어떤 결과를 보였고 가정에서 어떤 연계활동을 지속해 줄 것인지 방향을 제공할 수 있다. 즉 교사-유아-가정에서의 평가는 평가의 공정성 확보와 함께 유아의 발달을 구체적으로 살펴볼 수 있기 때문에 그 결과를 공유하여 각 평가의 주체들이 전인적 발달에 기여할 수 있게 향후 활동을 계획할 수 있는 객관적이고 전문적인 정보여야 한다.

PBL 수업은 유아 주도적인 과정설계이다. 유아는 선천적으로 타고난 문제해결자로, 자신에게 제공되는 도전을 즐거워하며, 경험을 통해 지식을 형성하게 된다(조형숙, 김정숙, 2013). Karl Popper(1999)의 '삶은 문제해결의 연속이다'라는 말처럼 유아들은 살아가면서 수많은 문제를 직면하게 되고 다양한 방법으로 문제를 해결해보는 과정과 시행착오를 거쳐 스스로 문제해결능력을 발전시켜 나가게 된다. PBL 수업과정은 단순한 사실의 숙련보다는 새로운 지식과 사전지식을 통합하고, 그 의미를 이해하고, 문제해결을 위한 다양한 해결책을 찾기 위해 알고 있는 지식들을 활용하는 데 초점을 둔다(최정임, 장경원, 2010). 21세기 학습역량과 2020년 인재역량에서 공통적으로 문제해결력과 협력기술을 요하고 있기 때문에 PBL 수업은 유아기부터 이러한 역량을 향상시키는 데 이바지할 것으로 기대된다.

3부

PBL 사례

질문해 보기

❶ PBL 수업과정에서 활동을 촉진하는 교사의 발문에는 어떤 것이 있을까요?

❷ PBL 활동의 다양한 사례를 살펴보고 우리 반에서 실행할 수 있는 PBL 수업으로 어떤 내용이 있을까요?

❸ PBL 활동의 장·단점은 무엇일까요?

❹ PBL이 유아 교육현장에 확산되기 위해서 교사에게 필요한 교육관은 무엇일까요?

3부에서는 교사가 실제 수업에서 어떻게 PBL을 실행하는지 사례를 살펴보도록 한다. PBL에서 교사의 발문은 유아의 확산적 사고를 촉진하고, 학습활동에 유아가 안정적으로 참여할 수 있는 기반을 제공한다. PBL 단계마다의 교사 발문 예시를 통해 자신의 수업에 적절한 발문을 선택하여 적용할 수 있도록 제시하였다. 또한 PBL 수업에 활용할 수 있는 4가지 사례와 수업계획안을 통해 예비 유아교사로서 PBL 과정을 경험해 볼 수 있게 하였다. 각 사례는 누리과정에 기반하여 유아들의 생활과 밀접한 내용으로 선정하였다.

1장

PBL 활동을 촉진하는 교사의 발문 사례

PBL에서 교사의 발문은 유아가 스스로 지식을 구성하고 문제를 해결해나갈 수 있도록 촉진하는 역할을 하는 중요한 요소이다. PBL 실행 단계마다 교사는 유아의 인지적 측면과 사회적 · 정서적 측면을 고려해야 한다. 이때 교사의 발문은 유아 개인에게는 문제를 해결할 수 있도록 독려해야 하고, 팀 활동에서는 계속적으로 문제를 탐색할 수 있는 정보를 제공하면서 팀 내에서 문제를 시도하고 해결할 수 있게 촉진자이자 조정자 및 코칭을 해 주어야 하기 때문에 코칭은 주기적이고 적절하게 해 주어야 한다.

따라서 그룹별 토의에서 교사는 유아들의 생각과 의견에 대해 '그건 좀 아닌 것 같지 않니?', '다시 생각해보렴.'과 같이 부정적으로 이야기하는 것은 좋지 않다. '정말 좋은 생각이구나.', '그렇게 생각할 수 있네.', '이런 쪽으로 생각해 보는 것은 어때?'처럼 유아들이 다른 방향으로 생각할 수 있게 유도하는 것이 중요하다.

1. PBL 활동 내에서 교사의 발문 – 그룹 활동

PBL 활동은 그룹 활동을 통해 문제해결을 하는 활동이기 때문에 그룹 내 협력이 중요하다. 그러나 유아는 자기중심적이고, 타인과 협력활동에 익숙하지 않기 때문에 팀활동 참여에 대한 유아의 적절한 발문이 중요하다. 혼자서만 역할을 주도하거나, 타인의 의견을 수용하지 않거나, 그룹 활동에 참여하지 않는 유아의 행동을 관찰하고 교사는 적절하게 개입해야 한다. 이러한 경우 교사는 유아의 심리적 상태와 팀 특성을 고려하여 상황에 따라 다음 〈표 3-1〉과 같이 발문할 수 있다.

〈표 3-1〉 그룹 활동 시 교사의 발문 형태 예시

상 황	발 문
의견 모으기 활동이 원활하게 이루어지고 있는 그룹	- 왜 그런 걸까? - 그 문제를 다른 관점에서 볼 수 있을까? - 만약에 그 정보가 사실이 아니라면 어떻게 될까?
문제에 대한 이해도가 부족한 그룹	- 너희들이 조사해 오기로 한 것에는 무엇이 있었니? - 너희들이 조사하기로 한 것에서 중요하다고 생각한 것은 무엇이니? - 문제해결을 위해서 어떤 역할을 하면 좋을까? - 우리가 또 무엇을 생각하면 좋을까?
문제 분석의 촉진이 필요한 그룹	- 이런 일의 원인은 무엇이라고 생각하니? - ~라고 했는데 그 이유가 무엇이라고 생각하니? - 그렇게 한다면 어떤 일이 일어날까? - ~를 하기 위해 또 다른 무엇을 살펴보면 좋을까?
역할 정하기에서 갈등을 겪고 있는 그룹	- 어떻게 역할을 정할까? - 만약 모두가 사회자를 한다면 어떻게 될까? 다른 역할은 누가 해야 할까? - 어떤 사람이 어떤 역할을 하는 것이 좋을까? - 어떻게 하면 공평하게 역할을 정할 수 있을까? * 역할이 정해지지 않을 때에는 가위바위보, 제비뽑기 등으로 역할을 정하도록 유도한다.

상 황	발 문
그룹별 활동에 참여하고 있지 않는 유아	- OO이는 어떤 역할을 맡았니? __역할은 어떤 일을 해야 할까? - OO이는 무엇을 조사해 왔니? - 다른 친구가 조사해 온 내용에는 어떤 것들이 있었니?

2. PBL 활동 내에서 교사의 발문 - 개별 활동

(1) 문제제시 후 토의내용 개입하기

문제제시 후 토의내용 개입하기 과정에서 교사는 유아들의 활동을 충분히 관찰하여, 〈표 3-2〉와 같이 직접 개입할 것인지, 간접 개입할 것인지를 결정해야 한다. 문제 제시 후 토의가 이루어지는 1차시 활동은 모둠 활동이 본격적으로 이루어지는 차시로 교사가 어떠한 전략을 사용하여 격려자, 촉진자 역할을 하는지에 따라 토의내용의 질이 달라질 수 있으므로 적절한 교사의 역할이 매우 중요하다.

〈표 3-2〉 문제제시 후 토의내용 개입하기 교사 발문 예시

상 황	발 문
직접 개입할 경우 교사 발문 예시	- 유아들에게 교사가 알고 있는 지식을 전달해주거나, 다른 유아들의 활동에 직접적으로 질문을 한다.
	- ~라고 했는데 왜 그렇게 생각하니? - OO가 이야기한 방법에 대해 조금 더 구체적으로 설명해줄 수 있니?
간접 개입할 경우 교사 발문 예시	- 교사가 유아와 함께 활동에 대해 고민을 하며 혼잣말을 하거나, 필요한 자료를 찾는 등의 역할을 보여줌으로써 유아들이 문제해결을 위한 적절할 방법을 찾을 수 있도록 유도한다.
	- 우리가 해결해야 할 문제가 ~라고 했었지. - 아까 본 영상에서 본 모양이 어땠었지? 우리 반에도 비슷한 모양의 물건이 있었던 것 같은데.

(2) 문제해결을 위한 사전활동-문제해결 차트 만들기 교사 발문

유아가 문제시나리오 내용을 파악하고, 문제를 어떻게 해결할지 토의하는 과정에서 교사는 유아들이 무엇을 알고 있는지, 궁금한 점은 무엇인지 등을 파악하기 위해 문제해결 차트는 '알고 있어요, 궁금해요, 어떻게 알아볼까?, 예측해보기' 항목으로 구성하여 유아에게 제시해줄 수 있다. 이 과정에서 교사는 유아들이 알고 있는 점과 궁금한 점 등을 발문을 통해 드러나도록 해야 한다.

문제시나리오 해결을 위해 궁금한 것은 무엇인지, 어떤 조사방법을 선택할지, 해결방법을 어떻게 예측을 해야 하는지 유아들의 사전지식을 토대로 심화 확장을 할 수 있도록 다음 〈표 3-3〉과 같은 발문을 통해 지원해야 한다.

〈표 3-3〉 문제해결을 위한 사전활동 교사 발문 예시

상 황	발 문
유아의 사전지식 심화 확장을 위한 교사 발문 예시	- 문제를 해결하기 위해 어떻게 해야 할까? - ~에 대해 알고 있는 것을 말해보자. - 어떤 자료를 찾아볼 수 있을까? - 그러면 적절한 해결방법을 예측해보자.

(3) 문제해결을 위한 전개활동에서 토의내용 개입하기

문제해결을 위한 전개활동 시, 유아들이 실제적으로 수행할 수 있는 방법을 모색하게 된다. '푸르른 기상청'의 2차시 활동은 날씨 예측 및 기록 방법을 알아보고, 유아들이 실제적으로 수행 할 수 있는 방법을 모색하기 위한 차시이다. 이 과정에서는 유아의 주도적 활동을 돕기 위한 교사의 적절한 스캐폴딩(scaffolding)전략이 필요하다. 이를 위해 〈표 3-4〉와 같은 발문을 활용할 수 있다.

〈표 3-4〉 문제해결을 위한 사전활동 후 교사 발문 예시

상 황	발 문
	- 유아 개개인의 사전 지식을 파악하고, 이전 차시에서 이루어졌던 다양한 탐색과정을 토대로 추상적 생각을 과학적으로 나타낼 수 있는 방법에 대한 의견을 나누도록 한다. 유아들의 토의를 들으며 교사는 개입할 시점과 인지적 갈등을 유발할 수 있는 적절한 스캐폴딩 전략을 수립한다.
교사의 스캐폴딩 전략 예시	- 00가 좋은 방법을 생각했구나. 그런데 ~를 할 수 있는 다른 방법은 없을까? (추론하도록 돕기) - 어떻게 알아볼 수 있을까? (유아가 능동적으로 지식을 구성해가도록 돕기) - 선생님은 날씨를 알아보기 위해 나뭇잎이 흔들리는 것을 관찰했는데, 00이는 어떻게 관찰해 보았니? (동등한 입장에서 촉진하기) - 00이가 말한 내용이 ~를 의미하는 거지? (지속적으로 질문하기) - 우리가 00에 대해 알고 있나? (아는 것과 모르는 것 명료화하기) - 우리가 알아낸 것으로 어떻게 해결할 수 있을까? (진행 상황에 대해 판단할 수 있도록 돕기)

(4) 문제해결을 위한 전개활동-새로운 시각 및 의사소통 촉진

문제해결을 위한 전개활동에서는 새로운 시각 및 유아들 간의 의사소통을 촉진하는 교사의 역할이 중요하다. 새로운 시각은 문제해결을 좀 더 깊이 있게 탐구할 수 있게 하고, 해결안 도출에 실패했을 때 문제점이 무엇인지 파악해서 새로운 대안을 탐구할 수 있게 한다. 따라서 교사는 유아의 사고를 촉진하기 위해 의도적인 발문을 할 필요가 있다. 예를 들어 견학 활동 후 유아들이 경험한 내용에 대해 새롭게 알게 된 것이나 발견한 것을 말로 표현해보는 기회를 가지도록 한다.

유아기는 생활 속에서 자신의 권리와 책임, 의무와 역할, 규칙과 규범을 하나씩 배워나가는 시기이므로(조순옥 외, 2016), 자신의 권리와 책임을 실행하고 사회구성원으로서 민주적 의식과 행동을 돕기 위한 민주시민교육이 자연스럽게 이루어질 수 있도록 교사는 유아들 간의 의사소통을 촉진하고 〈표 3-5〉와 같이 적절하게 개입하

는 전략이 필요하다.

〈표 3-5〉 문제해결을 위한 전개활동 교사 발문 예시

상 황	발 문
새로운 시각을 촉진할 때 (해결안에 실패했을 때)	- 왜 그렇게 생각하니? - 다른 관점에서 생각해볼까? - 만약 ~한다면 어떻게 될까? - (실패했을 때) 다른 방법은 뭐가 있을까?
유아들 간의 의사소통을 촉진하는 교사 발문 예시	- 교사는 유아들의 언어발달 수준을 파악하고 유아들 간 적절한 상호작용이 이루어질 수 있도록 중재하고, 문제해결을 위한 전개가 잘 이루어질 수 있도록 촉진하는 역할을 해야 한다.
	- OO이와 다르게 생각하는 친구 있니? - OO이는 왜 그렇게 생각하니? - OO이와 OO이가 서로 다르게 생각을 하고 있구나. 그러면 OO이와 OO이가 왜 다르게 생각하고 있는지 설명해줄 수 있니? - 다른 친구들의 의견도 들어보자.

(5) 문제해결안 정리 및 발표

문제해결안 정리 및 발표 시 교사는 유아들이 해결한 문제를 적극적으로 발표할 수 있는 환경을 조성하고, 지지해주는 역할이 필요하다. PBL 전 과정에서 예측하고 실행해 본 결과 간의 차이점을 알게 하고, 새로운 지식을 구성하면서 반성적 사고를 할 수 있는 〈표 3-6〉과 같은 발문을 사용해야 한다. 문제해결안 정리 및 발표 과정에서는 이야기 나누기를 통해 전 과정을 회상하며 활동을 심화할 것인지, 멈출 것인지에 대해 함께 결정할 수 있다. 이때 교사는 유아 및 전반적 PBL 과정에 대해 평가할 수 있다.

〈표 3-6〉 문제해결안 정리 및 발표 교사 발문 예시

상 황	발 문
지식구성 및 재구성을 촉진하는 교사의 발문 예시	- 문제해결안 정리의 과정에서는 PBL 과정에서 유아들이 습득하게 된 새로운 지식을 정리하고 자신의 지식을 재구성할 수 있도록 돕는 질문을 적절하게 사용하도록 한다.
	- ~에 도움이 되는 것에는 어떠한 것이 있었지? - ~를 해결하는 데 어떤 방법들이 있었지? - ~를 하려면 어떻게 해야 했었지? - 왜 달라졌을까?
PBL 활동 마무리 과정에서 적절한 교사의 발문 예시	- 마무리 과정에서는 유아들이 활동을 하면서 느꼈던 점에 대해 충분히 이야기할 수 있도록 기회를 주고, 다른 그룹 친구들의 활동에 대한 평가를 할 수 있도록 한다.
	- 활동을 하면서 좋았던 점을 말해줄 친구가 있니? - 활동을 하면서 어려웠던 점을 말해줄 친구가 있니? - OO그룹 친구들의 활동은 어떤 점이 좋았니?

활동 1

✤ 유아들과 PBL 활동 시 적절하지 않은 발문의 예시와 이유를 적어봅시다.

1. ______________________________

이유: ______________________________

2. ______________________________

이유: ______________________________

3. ______________________________

이유: ______________________________

4. ______________________________

이유: ______________________________

5. ______________________________

이유: ______________________________

2장

사례 Ⅰ-'북극곰의 눈물'

1. 주제 선정이유 및 활동 목표

"2012년도 지속가능발전을 위한 녹색성장교육 정착·확산 방안"(교육과학기술부, 2012)에 따라 누리과정에도 녹색성장교육이 반영되었다. 이에 녹색생활 실천이 어릴 때부터 자연스럽게 이루어질 수 있도록 유아교육현장에서도 에코(eco)교육, 환경보호캠페인 등 다양한 환경 문제에 대해 접할 수 있는 교육이 이루어지고 있다. '환경'이나 '자연'은 유아의 실생활과 밀접한 연관이 있을 뿐 아니라 인간생활에 큰 영향을 미칠 수 있는 주제이다. 따라서 '자연'에 속해 있으며 유아들에게 밀접하고 친근한 느낌이 드는 동물, 특히 최근 환경변화와 밀접한 관련이 있는 '북극곰'이라는 매개체를 중심으로 환경문제를 다루어 보고자 하였다.

[그림 3-1] '북극곰의 눈물' 주제 선정 이유

〈표 3-7〉 '북극곰의 눈물'의 활동 목표

구 분	활동 목표
지식	- 지구온난화 의미를 안다. - 동물이 살 수 있는 환경에 대해 안다. - 얼음이 녹는 온도에 대해 안다. - 길이와 면적의 개념에 대해 안다. - 북극곰이 살 수 있는 환경에 대해 안다.
기능	- 탐구하려는 내용의 자료를 수집할 수 있다. - 얼음의 변화에 관심을 갖는다. - 공간을 활용하는 능력을 기른다. - 자신의 작품을 친구들에게 소개한다.
태도	- 환경을 소중히 하는 마음을 가진다. - 북극곰에 대한 호기심과 탐구심을 갖는다. - 바른 태도로 과학 실험을 한다. - 수에 관심을 갖는다. - 친구들과 협동하여 환경을 구성한다.

2. 전체 수업 계획

PBL 수업 진행을 위한 문제지도와 문제시나리오는 다음과 같이 제시한다. 문제지도와 문제시나리오는 [그림 3-2]와 같이 교사가 북극곰에 대해 유아가 연상할 수 있는 것들에 대한 내용을 미리 생각하고, 교육과정에서 의도하고 있는 전문적 지식과 적절한 정보를 습득할 수 있도록 문제가 발생하는 상황과 역할을 설정하였다. 유아가 북극곰이 처한 상황에 대한 문제들을 인식하고, 문제에 대한 주인의식을 갖도록 하기 위해 북극곰이 눈물을 흘리게 되는 상황과 이를 해결하는 방법에 대한 문제시나리오를 집을 짓는 구체적 역할로 설정하게 되었다.

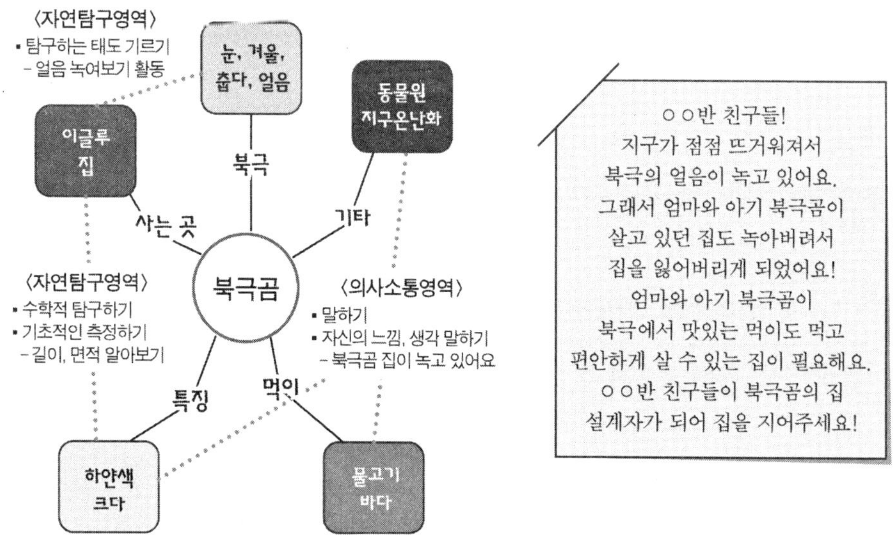

〈문제지도〉 〈문제시나리오〉

[그림 3-2] '북극곰의 눈물' 문제지도 및 문제시나리오

북극곰은 사는 곳, 북극, 특징, 먹이, 기타로 주제망이 구성되었다. 먼저 사는 곳과 특징은 북극곰이 사는 집을 알기 위해서 자연탐구영역에 초점을 두고 수학적 탐구, 기초적 측정으로 길이와 면적 알아보기 활동을 한다. 사는 곳과 북극은 북극곰이 사는 집의 재료인 얼음의 성질에 대해 알아보기 위해 얼음을 녹여보는 활동을 한다. 특징, 먹이, 기타에서는 의사소통영역에 초점을 두고 자신의 느낌과 생각을 말해보며 북극곰에 대해 알아보는 활동을 한다.

각 차시별 단계와 활동은 다음 〈표 3-8〉과 같이 진행된다. '북극곰의 눈물' 활동은 자연탐구 영역 중 과학적 탐구하기로 유아가 생활 속에서 쉽게 접할 수 있는 자연물이나 자연현상에 관심을 갖고 탐구하는 과정을 통하여 날씨와 기후 변화 등에 관심을 갖고, 지구 온난화에 따른 기후변화와 같은 자연현상에도 관심을 확장하는 활동이다. 이러한 과정에서 유아는 자신의 생각과 느낌을 이야기하거나 친구들의 의견을 듣는 기회를 가지며 토론에 익숙하지 않은 유아들도 자연스럽게 의사소통방법을 배울 수 있게 된다. 관련 영역을 살펴보면 활동의 모든 차시에서 주영역은 자연탐구와 의사소통으로 진행되며, 부영역은 사회관계와 의사소통으로 진행된다.

〈표 3-8〉 **'북극곰의 눈물' 차시별 단계 및 활동**

차 시	단 계	활동명
1차시	문제제시	북금곰이 왜 울까?
2차시	문제해결을 위한 사전활동	북극곰이 궁금해요
3차시	문제해결을 위한 전개활동	얼음을 녹여보아요
4차시		북극곰 집의 크기를 알아보자
5차시	문제해결안 정리 및 발표	우리만의 북극곰 집 만들기

3. 수업계획안

(1) 문제 제시

<table>
<tr><th colspan="6">1차시</th></tr>
<tr><td>생활주제</td><td colspan="5">동식물과 자연</td></tr>
<tr><td>주제</td><td>북극곰의 눈물</td><td>소주제</td><td>북극곰을 알아보자</td><td>활동유형</td><td>대집단</td></tr>
<tr><td rowspan="2">활동명</td><td rowspan="2" colspan="2">북극곰이 왜 울까?</td><td rowspan="2">관련 영역</td><td>주영역</td><td>자연탐구 의사소통</td></tr>
<tr><td>부영역</td><td>사회관계</td></tr>
<tr><td>활동목표</td><td colspan="5">• (지식) 지구온난화 의미를 안다.
• (기능) 북극곰이 사는 환경에 대해 이야기한다.
• (태도) 환경을 소중히 하는 마음을 가진다.</td></tr>
<tr><td>누리과정 관련요소</td><td colspan="5">• 자연탐구 〉 과학적 탐구하기 〉 자연현상 알아보기
• 의사소통 〉 말하기 〉 자신의 생각, 느낌 말하기
• 의사소통 〉 듣기 〉 바른 태도로 듣기</td></tr>
<tr><th colspan="5">학습내용</th><th>학습자원</th></tr>
<tr><td colspan="5">• 문제제시
- 북극곰의 눈물 동영상 시청
• 문제파악 및 분석
• 문제차트 도출하기
• 학습계획 세우기</td><td>• '북극곰의 눈물' 동영상 https://www.youtube.com/watch?v=q33flAE5VOo
• 동화책: '북극곰의 집이 녹고 있어요.' 시공주니어(2010)</td></tr>
<tr><th colspan="5">활동내용</th><th>준비물 및 유의점</th></tr>
<tr><td colspan="5">〈도입〉
1) 북극곰에 대해 흥미유발
- 선생님이 그림자(북극곰 그림자)를 보여줄 테니 맞춰보렴.
- 그림자(북극곰 그림자)는 무엇일까?
2) '북극곰의 눈물' 동영상을 시청한다.
- 동영상에서 무엇을 보았니?
- 왜 울고 있었니?</td><td>〈준비물〉
• 북극곰 그림자 모양으로 오린 종이

• '북그곰의 눈물' 동영상</td></tr>
</table>

3) 지구온난화를 설명한다.
- 지구온난화는 환경이 오염되면서 태양열이 지구 밖으로 나가지 빠져나가지 못해서 지구가 따뜻해지는 거야. 우리가 물이나 전기, 자동차 같은 것을 사용하는 과정에서 탄소가 배출되는데 탄소가 많이 배출되면 환경이 오염된대. 환경이 오염되면 지구온난화는 더욱 심해질 것이고, 그러면 우리가 영상에서 보았던 북극곰이 살아가기가 점점 더 힘들어질 거야.

〈전개〉

4) 북극곰이 사는 환경에 대해 이야기 나눈다.
- 동영상에서 북극곰은 어디에서 살고 있었니?
- 북극곰은 어떤 환경에서 울지 않고 지낼 수 있을까?

• 화이트보드

알고 있어요.	궁금해요.	어떻게 알아볼까?	예측해보기.
• 깨끗해야 해요. • 집이 있어야 해요. • 먹이가 있어야 해요. • 엄마랑 있어야 돼요	• 북극곰은 어떤 집에서 살까? • 집은 얼마나 클까? • 무엇으로 만들까? • 북극곰 집은 왜 안 녹을까?	• 북극곰의 크기를 알아봐요. • 북극곰 집의 모양을 알아봐요 • 얼음을 녹여보아요.	• 나보다 이만큼 더 커요. • 우리 집 보다 더 커요. • 엄청 추울 거에요. • 영하100도에서 살아요.

〈유의점〉
• 교사는 유아들이 다양한 조사 방법을 이야기 할 수 있도록 직접개입과 간접개입 발문을 적절히 조절한다.

〈마무리〉

5) 조사 방법에 대해 이야기 나눈다.
- 어떻게 하면 우리가 재미있게 해결할 수 있을까?
- 우리 다음 시간에 팀을 나누어 함께 해결할 수 있는 방법을 찾아보자.
- 오늘은 아까 동영상에서 보았던 북극곰이 사는 곳을 그려보자.

[Tip]

• PBL 활동과정에서 유아들이 그린 그림 및 활동 결과물들을 전시하는 방법으로 환경구성에 활용할 수 있다.

(2) 문제해결을 위한 사전활동

<table>
<tr><th colspan="6">2차시</th></tr>
<tr><td>생활주제</td><td colspan="5">동식물과 자연</td></tr>
<tr><td>주제</td><td>북극곰의 눈물</td><td>소주제</td><td>북극곰을 알아보자</td><td>활동유형</td><td>소집단</td></tr>
<tr><td rowspan="2">활동명</td><td rowspan="2" colspan="2">북극곰이 궁금해요</td><td rowspan="2">관련 영역</td><td>주영역</td><td>의사소통</td></tr>
<tr><td>부영역</td><td>사회관계</td></tr>
<tr><td>활동목표</td><td colspan="5">• (지식) 동물이 살 수 있는 환경에 대해 안다.
• (기능) 탐구하려는 내용의 자료를 수집할 수 있다.
• (태도) 북극곰에 대한 호기심과 탐구심을 갖는다.</td></tr>
<tr><td>누리과정 관련요소</td><td colspan="5">• 의사소통 〉 말하기 〉 자신의 생각, 느낌 말하기
• 의사소통 〉 듣기 〉 바른 태도로 듣기</td></tr>
<tr><th colspan="4">학습내용</th><th colspan="2">학습자원</th></tr>
<tr><td colspan="4">• 개별학습
- 팀 구성하기
- 가정과의 연계
: 모둠별 브레인스토밍 내용을 바탕으로 가정과 연계하여 조사한다.</td><td colspan="2">• 가정연계활동지</td></tr>
<tr><th colspan="4">활동내용</th><th colspan="2">준비물 및 유의점</th></tr>
<tr><td colspan="4">〈도입〉
1) '궁금해요' 질문으로 팀을 구성한다.
- '궁금해요' 질문에서 비슷한 궁금증을 가지고 있는 친구들끼리 팀을 나눌 거야. OO와 OO이, OO이가 비슷한 궁금증을 가지고 있구나. OO이와 OO는 북극곰의 먹이가 궁금하구나.....(중략)
- 그럼 자리로 돌아가서 친구들과 함께 해결해 보자.

〈전개〉
2) 교사는 팀마다 돌아다니며 적절한 상호작용을 한다.
- 궁금한 점을 알아보는 데 어려운 점은 없니?
- 어려운 점을 어떻게 해결해 보았니?</td><td colspan="2">〈준비물〉
• 가정연계활동지(북극곰에 대해 궁금한 것을 알아보아요)

〈유의점〉
• 교사는 팀의 인원이 적절히 나누어지도록 도움을 준다.</td></tr>
</table>

〈마무리〉

3) 활동을 마무리 한다.

- 북극곰에 대해 더 궁금한 점은 집에서 조금 더 조사해 보도록 하자~

북극곰에 대해 궁금한 것을 알아보아요.

OO반 OOO

북극곰과 같은 색깔의 물건을 찾아보아요.	북극곰의 먹이를 알아보아요.	북극곰에 대해 더 궁금한 것을 알아보아요.

[가정연계활동지 예시]

(3) 문제해결을 위한 전개활동

<table>
<tr><th colspan="6">3차시</th></tr>
<tr><th>생활주제</th><td colspan="5">동식물과 자연</td></tr>
<tr><th>주제</th><td>북극곰의 집</td><th>소주제</th><td>북극곰 집의 재료</td><th>활동유형</th><td>소집단</td></tr>
<tr><th rowspan="2">활동명</th><td colspan="2" rowspan="2">얼음을 녹여보아요</td><th rowspan="2">관련영역</th><td>주영역</td><td>자연탐구</td></tr>
<tr><td>부영역</td><td>의사소통</td></tr>
<tr><th>활동목표</th><td colspan="5">• (지식) 얼음이 녹는 온도에 대해 안다.
• (기능) 얼음의 변화에 관심을 갖는다.
• (태도) 바른 태도로 과학 실험을 한다.</td></tr>
<tr><th>누리과정
관련요소</th><td colspan="5">• 자연탐구 〉 과학적 탐구하기 〉 간단한 도구와 기계 활용하기
• 자연탐구 〉 탐구하는 태도 기르기 〉 탐구과정 즐기기</td></tr>
<tr><th colspan="5">학습내용</th><th>학습자원</th></tr>
<tr><td colspan="5">• 조사 공유하기
- 가정연계활동지 공유
• 적용하기</td><td>• 가정연계활동지</td></tr>
<tr><th colspan="5">활동내용</th><th>준비물 및 유의점</th></tr>
<tr><td colspan="5"><도입>
1) 가정연계활동지에 대해 이야기한다.
- 집에서 북극곰에 대해 더 알아온 것이 있니?
- 알아온 것들에 대해 더 이야기하고 싶은 것이 있니?

<전개>
2) 얼음에 대해 이야기한다.
- 북극곰의 집은 무엇으로 만들어졌니?
- 그런데 북극곰 집이 어떻게 되고 있었니?
- 지구온난화 때문에 얼음이 녹고 있어서 북극곰이 울고 있었지.
- 온난화가 무엇이었는지 기억나니?
- 그래. 환경이 오염되고, 지구가 더워져서 기온이 올라가는 것이라고 했었지~ 그래서 북극의 얼음도 녹는거래.
- 얼음이 언제, 왜 녹는지 우리가 직접 알아볼까?</td><td><준비물>
• 작성한 가정연계활동지(북극곰에 대해 궁금한 것을 알아보아요)
• 융판
• 아이스박스
• 온도계
• 돋보기
• 드라이기
• 종이
• 수건
• 투명 플라스틱 컵</td></tr>
</table>

3) 활동 방법을 설명한다. - 선생님이 과학영역에 실험할 수 있도록 준비해 둘게. - 원하는 친구들은 선생님과 함께 이야기해봤던 다양한 방법으로 얼음이 몇 도에서 녹는지, 왜 녹는지 실험해 보도록 하렴. **〈마무리〉** 4) 활동을 회상하며 평가한다. - 얼음이 언제 녹는지 실험을 해 보았니? - 어떻게 하니까 얼음이 녹았었니? - 왜 그렇게 된 것일까? (추론하기) 5) 다음 활동에 대해 이야기한다. - 우리가 진짜 얼음으로 집을 지을 수는 없지만 교실의 다른 다양한 재료로 북극곰의 집을 지어 볼 수 있어. 어떻게 할 수 있을까?	

<table>
<tr><th colspan="6">4차시</th></tr>
<tr><td>생활주제</td><td colspan="5">동식물과 자연</td></tr>
<tr><td>주제</td><td>북극곰의 집</td><td>소주제</td><td>북극곰 집</td><td>활동유형</td><td>소집단</td></tr>
<tr><td rowspan="2">활동명</td><td colspan="2" rowspan="2">북극곰 집의 크기를 알아보자</td><td rowspan="2">관련영역</td><td>주영역</td><td>자연탐구</td></tr>
<tr><td>부영역</td><td>의사소통</td></tr>
<tr><td>활동목표</td><td colspan="5">• (지식) 길이와 면적의 개념에 대해 안다.
• (기능) 공간을 활용하는 능력을 기른다.
• (태도) 수에 관심을 갖는다.</td></tr>
<tr><td>누리과정 관련요소</td><td colspan="5">• 자연탐구 〉 과학적 탐구하기 〉 간단한 도구와 기계 활용하기
• 자연탐구 〉 탐구하는 태도 기르기 〉 탐구과정 즐기기
• 자연탐구 〉 수학적 탐구하기 〉 기초적인 측정하기</td></tr>
<tr><th colspan="5">학습내용</th><th>학습자원</th></tr>
<tr><td colspan="5">• 길이와 그기를 측정한다.
- 다양한 방법으로 길이와 크기를 측정, 비교해 본다.
• 새롭게 알게 된 사실을 공유하기
- 활동을 하며 새롭게 알게 된 사실을 공유한다.</td><td>• 가정연계활동지
• 측정을 위한 다양한 재료</td></tr>
<tr><th colspan="5">활동내용</th><th>준비물 및 유의점</th></tr>
<tr><td colspan="5">〈도입〉
1) 북극곰의 집을 짓기 위해 필요한 것에 대해 이야기 나눈다.
- 북극곰의 집을 짓기 위해서는 무엇을 알아야 할까?
- 집의 크기에 대해 알아왔던 활동지를 볼까?
- (활동지를 보며) 얼마나 크다고 쓰여 있니?
- 선생님이 줄자로 얼마나 큰지 바닥에 표시해 둘게. 너희들이 다양한 재료로 길이가 얼마 만큼인지 함께 재보렴.
- 북극곰이 집에 들어가서 편하게 누우려면 면적이 얼마나 넓어야 할까?
- 너희들이 함께 재보렴.

〈전개〉
2) 길이와 면적에 대해 알아본다.
- 어떻게 길이와 면적을 알아볼 수 있을까? (5세의 경우 무게, 면적 가능)
3) 아이들이 함께 재본다.
(유아들의 활동을 촉진하기 위한 발문 예시는 〈표 3-5〉 참조)</td><td>〈준비물〉
• 색연필
• 색종이
• 수수깡
• 블록
• A4용지
• 색종이

〈유의점〉
• 길이와 면적을 이해하지 못하는 유아가 있다면 자세히 설명해 준다.</td></tr>
</table>

〈마무리〉

4) 문제해결 차트를 보며 회상하기(얼음 실험, 길이, 면적 재기, 활동에 대해 이야기하기), 활동 정리해보기
   - 우리가 지금까지 어떤 것을 해 보았니?
   - 측정할 때 어려웠던 점이 있었니?
   - 어떻게 해결했니?
   - 더 해 보고 싶은 것이 있니?
   - 우리가 북극곰이 살 수 있는 길이와 면적 알아보았으니 직접 설계자가 되어 북극곰 집을 지어보자.

알고 있어요	궁금해요	어떻게 알아볼까?	예측해보기	새롭게 알게 된 사실
• 깨끗해야 해요. • 집이 있어야 해요. • 먹이가 있어야 해요. • 엄마랑 있어야 돼요	• 북극곰은 어떤 집에서 살까? • 집은 얼마나 클까? • 무엇으로 만들까? • 북극곰 집은 왜 안 녹을까?	• 북극곰의 크기를 알아봐요. • 북극곰 집의 모양을 알아봐요 • 얼음을 녹여보아요.	• 나보다 이만큼 더 커요. • 우리 집보다 더 커요. • 엄청 추울 거에요. • 영하 100도에서 살아요.	• 곰의 크기를 알았어요. • 집을 짓기 위해서 길이와 면적을 알았어요. • 북극곰은 영하에서 살아야 되요.

(4) 문제해결안 정리 및 발표

<table>
<tr><th colspan="7">5차시</th></tr>
<tr><td>생활주제</td><td colspan="6">동식물과 자연</td></tr>
<tr><td>주제</td><td>북극곰의 집</td><td>소주제</td><td>북극곰 집</td><td>활동유형</td><td colspan="2">소집단</td></tr>
<tr><td rowspan="2">활동명</td><td rowspan="2" colspan="2">우리만의 북극곰 집 만들기</td><td rowspan="2">관련영역</td><td>주영역</td><td colspan="2">의사소통</td></tr>
<tr><td>부영역</td><td colspan="2">사회관계</td></tr>
<tr><td>활동목표</td><td colspan="6">• (지식) 북극곰이 살 수 있는 환경에 대해 안다.
• (기능) 자신의 작품을 친구들에게 소개한다.
• (태도) 친구들과 협동하여 환경을 구성한다.</td></tr>
<tr><td>누리과정
관련요소</td><td colspan="6">• 의사소통 〉 말하기 〉 상황에 맞게 바른 태도로 말하기
• 사회관계 〉 다른 사람과 더불어 생활하기 〉 친구와 사이좋게 지내기</td></tr>
<tr><th colspan="6">학습내용</th><th>학습자원</th></tr>
<tr><td colspan="6">• 발표 및 전시회
- 3개의 팀으로 구성한다.
- 각 팀마다 자유롭게 북극곰의 집을 만들어 본다.
- 각 팀의 북극곰의 집을 소개한다.
- 교실과 유희실 등의 공간을 활용해 전시한다.</td><td>• 유아들이 만든 북극곰의 집
• 북극곰이 사는 곳과 비슷한 느낌의 환경구성</td></tr>
<tr><th colspan="6">활동내용</th><th>준비물 및 유의점</th></tr>
<tr><td colspan="6">〈도입〉

[Tip]
• 결과물 전시 공간 제한으로 여러 팀으로 나눌 경우 어려움이 있을 수 있어 세 개 팀으로 구성하였다. 공간 상황에 따라 자유롭게 구성할 수 있다.

1) 집을 만들 세 개의 팀으로 구성한다.
2) 재료를 소개한다.
3) 팀이 구상한 북극곰의 집을 그려본다.(도안)
- 만들고 싶은 집을 먼저 그림으로 그려보자.</td><td>〈준비물〉
• 폼보드
• 우드락
• 신문지(말아서 사용), 시트지 심(집의 기둥으로 사용가능) 등 집을 지을 수 있는 다양한 재료</td></tr>
</table>

<table>
<tr>
<td>

〈전개〉
4) 교실 안에서 집을 만들어 본다.
5) 교사는 돌아다니며 유아들과 상호작용 한다.

[Tip]
• 문제해결안을 코칭하고 유아가 해결안을 수정할 수 있도록 지도한다.
• 문제해결안이 실패했을 경우 재시도할 수 있도록 격려한다.
• 모든 유아가 함께 참여할 수 있도록 독려한다.

〈마무리〉
6) 교사는 실물자료와 유아가 만들어 놓은 자료를 활용해 (북극곰이 사는 실제 환경과 유사한) 환경 구성을 한다.
7) 각 팀의 북극곰의 집을 소개한다.
8) 사전에 그린 그림을 보면서 만들면서 어려웠던 점에 대해서 이야기한다.
- (그림을 보면서) 생각했던대로 잘 만들어졌니?
- 어떤 점이 어려웠었니?
- 어떻게 해결했니?

</td>
<td>

〈유의점〉
• 유아들이 팀 활동을 하며 겪는 상황에 맞게 교사는 적절한 상호작용을 한다.
(예: 어려운 점이 있니? 어떤 방법으로 해 볼 수 있을까? 이런 방법으로 해보는 건 어떠니?)

</td>
</tr>
</table>

활동 2

✤ '북극곰의 눈물' 4차시 활동을 위한 가정연계활동지를 만들어 봅시다.

3장

사례 Ⅱ-'푸르른 기상청'

1. 주제 선정이유 및 활동 목표

유아기는 "왜요?"라는 질문을 자주 하며 주변에 대해 호기심을 갖는 시기이다. 유아기에 빈번한 질문 중에는 "왜 비가 내려요?", "날씨가 왜 추워지는 (더워지는) 것이에요?", "어떻게 날씨를 미리 알 수 있어요?" 등 날씨와 관련된 것들도 많이 있다. 유아들의 이러한 호기심을 해결하는 방법으로 날씨를 관찰해보거나 예측하는 다양한 방법에 대한 탐색활동이 많이 활용되고 있다. 그러나 단순한 관찰과 탐색활동은 유아의 심층적 사고를 촉진하는 데 한계가 있다.

따라서 본 활동은 유아들의 관찰과 탐색활동을 심화, 확장하기 위한 방법으로 조사한 내용을 여러 사람들에게 알리는 기상청 역할을 매개로 활용하고자 하였다. 이러한 활동은 유아들의 주도적 관찰과 탐색을 장려할 수 있으며, 날씨와 관련된 추상적 용어를 이해하고, 숫자의 원리 등을 이해하는 데 도움을 줄 수 있다. 유아들은 또래와 함께 발견한 내용을 체계적으로 조직하고 이를 여러 사람들에게 알리는 기회를 통해 자신의 느낌, 생각, 경험 등을 다른 사람들에게 이야기해보는 경험, 다른 사람의 이야기를 끝까지 주의 깊게 듣는 경험을 할 수 있다.

[그림 3-3] '기상청' 주제를 해결할 유아의 특성

〈표 3-9〉 '푸른 기상청'의 활동 목표

구 분	활동 목표
지식	- 기상캐스터가 어떤 일을 하는지 안다. - 강수량이 무엇인지 안다. - 날씨 기호를 안다. - 기상청의 하는 일을 안다. - 기상캐스터의 자격조건을 안다. - 날씨예보 표를 보고 날씨를 알 수 있다.
기능	- 기상캐스터 채용 포스터를 보고 어떤 준비가 필요한지 계획한다. - 가정에서 강수량을 재어볼 수 있다. - 날씨예보를 보고 날씨를 예측할 수 있다. - 기상청 견학을 안전하게 다녀온다. - 날씨예보 대본을 작성할 수 있다.
태도	- 기상캐스터 직업에 관심을 갖는다. - 적극적으로 실험하는 태도를 갖는다. - 날씨예보에 관심을 갖는다. - 기상청에 관심을 갖는다. - 푸른 기상청 기상캐스터가 될 수 있다.

2. 전체 수업계획

PBL 수업 진행을 위한 문제지도와 문제시나리오는 다음과 같이 제시되었다. 문제지도와 문제시나리오는 [그림 3-4]와 같이 유아들이 실생활에서 겪게 되는 문제 해결방법을 스스로 찾을 수 있도록 하기 위해 기상캐스터라는 역할을 설정하게 되었다. 유아들은 기상캐스터 역할을 준비하고 수행하면서 날씨예보에 대한 지식과 방법, 이를 전달하는 과정과 전달자의 역할에 대해 적절한 정보를 습득할 수 있게 된다. 교사는 이를 누리과정에서의 전문적 지식 습득 과정과 연결하여 이전 지식의 심화·확장 반복에 도움을 줄 수 있다.

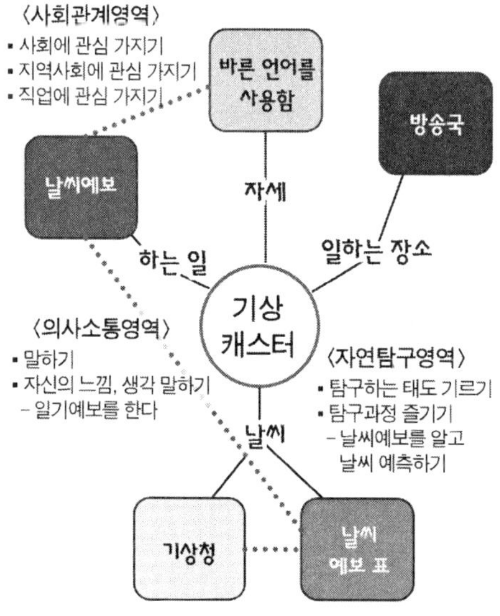

〈문제지도〉

푸르른 기상청 채용 포스터

'푸르른 기상청' 기상캐스터를 뽑습니다!
관심 있는 어린이들의 많은 참여 바랍니다.

- 날짜 : 20○○년 ○월 ○일~20○○년 ○월 ○일 (○일간)
- 시간 : 10:00~12:00
- 장소 : 푸르른 유치원 ○○반

기상 문제로 인한 잦은 야외활동의 취소로 인해 문제가 끊임없이 제기되어 날씨예보에 대해 관심이 높아졌습니다!
어린이 여러분!!
푸르른 유치원 기상캐스터가 되어 날씨예보를 준비해 봅시다!

〈문제시나리오〉

[그림 3-4] '푸르른 기상청' 문제지도와 문제시나리오

기상캐스터는 기상캐스터가 하는 일, 자세, 일하는 장소로 주제망이 구성되었다. 기상캐스터채용 포스터 문제시나리오를 해결하기 위해서 날씨 기호를 알고, 날씨예보 표를 분석하는 자연탐구영역과 기상캐스터의 자세를 알고 수행하는 사회관계영역과 통합하여 기상캐스터가 되어 날씨예보를 하는 문제를 수행할 수 있다.

유아들은 기상청 견학을 통해 기상청이 하는 일을 알고 날씨를 예측하는 다양한 방법에 대해 구체적 정보를 얻을 수 있다. 이후 견학 경험을 가정과 연계하여 유아가 직접 강수량을 재어보고 오늘 하루 비가 얼마큼 왔는지 알아보는 활동을 해 봄으로써 추상적이었던 지식을 구체화하고, 실천적 지식을 습득할 수 있게 된다.

PBL 수업에서의 환경구성은 유아에게 학습동기를 지속시키고 탐구와 탐색을 지속적으로 활동하게 하여 분석적이고 깊이 있는 사고와 함께 반성적 사고를 향상시킬 수 있는 중요한 학습자원이다. '푸르른 기상청' PBL 문제는 유아들이 주변에서 쉽게 접할 수 있는 문제이므로 자유선택활동 시간을 활용한 자발적인 놀이를 통해 지식을 심화·확장할 수 있게 〈표 3-10〉과 같이 구성할 수 있다.

〈표 3-10〉 **'기상청' 자유선택활동 자원 예시**

영 역	자 원	영 역	자 원
언어 영역	 	수·조작 영역	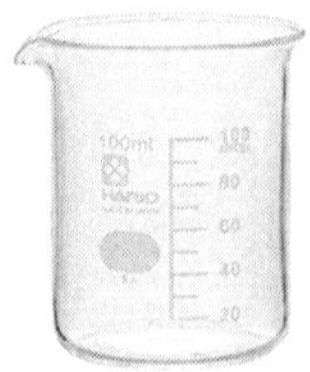

영 역	자 원	영 역	자 원
과학 영역	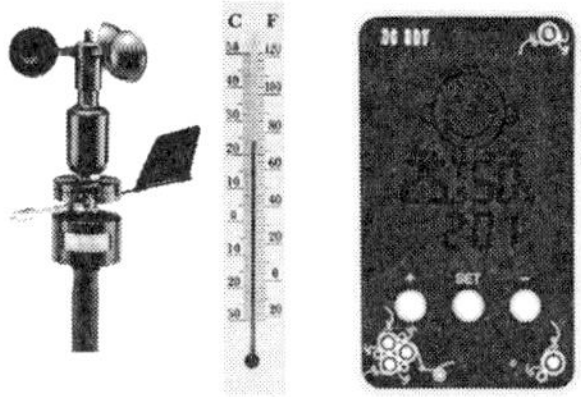	미술 영역	
음률 영역		역할 영역	

환경구성은 진행하고 있는 PBL 활동과 관련된 자료들과 유아의 활동결과물을 활용하도록 하며, 교사는 〈표 3-11〉처럼 각 차시별 단계와 활동을 진행한다.

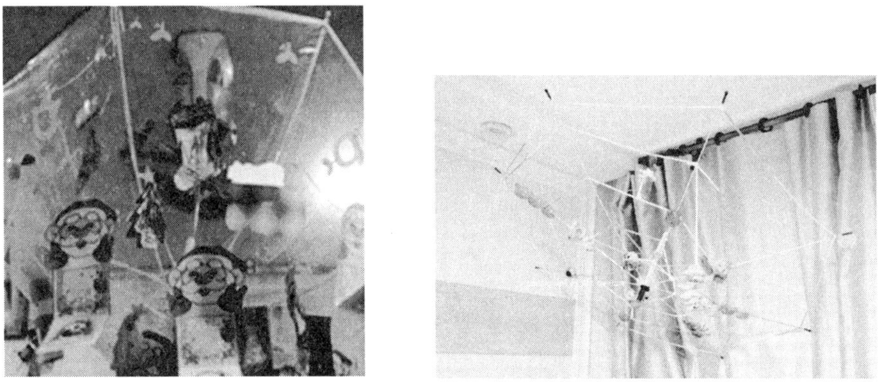

[그림 3-5] **'기상청' 환경구성 활용 자료**

〈표 3-11〉 **'기상청' 차시별 단계 및 활동**

차 시	단 계	활동명
1차시	문제제시	'푸르른 기상청 기상 캐스터' 채용포스터 (문제시나리오)
2차시	문제해결을 위한 사전활동	강수량을 알아보아요.
3차시	문제해결을 위한 전개활동	날씨예보를 보고 날씨를 예측해요.
4차시		기상청 견학
5차시	문제해결안 정리 및 발표	기상캐스터가 되어보아요.

3. 수업계획안

(1) 문제 제시

<table>
<tr><th colspan="6">1차시</th></tr>
<tr><td>생활주제</td><td colspan="5">여름</td></tr>
<tr><td>주제</td><td>여름철 기후 현상</td><td>소주제</td><td>기상캐스터가 하는 일</td><td>활동유형</td><td>대소집단활동</td></tr>
<tr><td rowspan="2">활동명</td><td colspan="2" rowspan="2">기상캐스터가 되려면?</td><td rowspan="2">관련영역</td><td>주영역</td><td>사회관계</td></tr>
<tr><td>부영역</td><td>의사소통</td></tr>
<tr><td>활동목표</td><td colspan="5">• (지식) 기상캐스터가 어떤 일을 하는지 안다.
• (기능) 기상캐스터 채용 포스터를 보고 어떤 준비가 필요한지 계획한다.
• (태도) 기상캐스터 직업에 관심을 갖는다.</td></tr>
<tr><td>누리과정 관련요소</td><td colspan="5">• 사화관계영역 〉 사회에 관심 갖기 〉 지역사회에 관심 갖고 이해하기
• 의사소통영역 〉 말하기 〉 느낌, 생각, 경험말하기</td></tr>
<tr><th colspan="5">학습내용</th><th>학습자원</th></tr>
<tr><td colspan="5">• 문제제시
- '푸르른 기상청 기상 캐스터' 채용 포스터
• 문제파악 및 분석
• 문제차트 도출하기
• 문제해결안 세우기</td><td>• '푸르른 기상청 기상 캐스터' 채용 포스터</td></tr>
<tr><th colspan="5">활동내용</th><th>준비물 및 유의점</th></tr>
<tr><td colspan="5">〈도입〉
1) 기상캐스터에 대해 이야기 나눈다. (기상캐스터 영상을 보여준다)
- 영상에 나온 사람은 어떤 사람일까?
- 기상캐스터라고 들어보았니?
- 기상캐스터는 어떤 일을 하는 사람일까?

〈전개〉
2) '푸르른 기상청 기상 캐스터' 채용 포스터를 보고 이야기 나눈다.
- 우리 반에 기상캐스터 채용 포스터가 왔어. 읽어볼까?</td><td>〈준비물〉
• 날씨예보 영상
• 화이트보드</td></tr>
</table>

3) 기상캐스터면접을 보기 위해서 무엇을 준비해야 하는지 안다.
  - 기상캐스터를 지원하기 위해서는 무엇을 준비하라고 했니?
4) 날씨예보를 준비해야 할 것을 안다.
  - 날씨예보가 무엇인지 아니?
  - 날씨예보는 어떻게 준비를 해야 할까?
5) 기상캐스터가 되기 위한 자격조건에 대해 안다.
  - 기상캐스터가 되려면 무엇이 필요할까?
6) 기상캐스터가 되기 위한 계획을 세우는 활동을 소개한다.
  - 기상캐스터가 되기 위해서 우리가 무엇을 조사해야 하는지 적어보자.

알고 있어요	궁금해요	어떻게 알아볼까?	예측해보기
• 기상캐스터가 면접을 보려면 날씨예보를 준비해야 한다. • 기상캐스터가 무엇인지 안다.	• 날씨예보는 어떻게 준비해요? • 비는 얼마나 내려요? • 기상캐스터가 되려면 어떤 자세가 필요해요?	• 날씨예보 표를 보고 대본을 만들어요. • 강수량을 재어 봐요. • 기상청 견학을 가서 기상캐스터의 자세를 알아봐요.	• 기상캐스터는 바른 말을 써요. • 해 그림은 맑음이에요. • 기상청에는 기상캐스터가 있어요.

〈마무리〉

7) 계획방법에 대해 이야기 나눈다.
  - 우리가 어떻게 궁금한 점을 해결할 수 있을까?
  - 다음 시간에 팀을 나누어 해결방안을 생각해 보자.

〈유의점〉

- 교사는 유아들과 이야기를 나누며 알고 있어요, 궁금해요, 어떻게 알아볼까, 예측해보기로 나누어 화이트보드에 적는다.
- 유아의 생각을 확장 혹은 수렴할 수 있는 적절한 질문을 한다.

(2) 문제해결을 위한 사전활동

2차시					
생활주제	여름				
주제	여름철 기후현상	**소주제**	강수량	**활동유형**	대소집단활동
활동명	강수량을 재어보아요		**관련영역**	주영역	자연탐구
				부영역	의사소통
활동목표	• (지식) 강수량이 무엇인지 안다. • (기능) 가정에서 강수량을 재어볼 수 있다. • (태도) 적극적으로 실험하는 태도를 갖는다.				
누리과정 관련요소	• 자연탐구영역 〉 탐구하는 태도 기르기 〉 탐구과정 즐기기 • 자연탐구영역 〉 과학적 탐구하기 〉 간단한 도구와 기계 활용하기 • 의사소통영역 〉 쓰기 〉 쓰기에 관심가지기				

학습내용	학습자원
• 팀 학습 - 모둠별로 기상캐스터를 지원하기 위해서 무엇을 준비해야 하는지 계획을 세운다. • 개별학습 - 가정연계학습 : 비오는 날 강수량 측정하기	• 팀 활동지 • 가정연계활동 활동지

활동내용	준비물 및 유의점
〈도입〉 1) 팀을 구성한다. - 모둠자리 친구들끼리 우리가 적은 '궁금해요' 질문을 어떻게 해결할지 이야기 해보자. **〈전개〉** 2) 교사는 팀마다 돌아다니며 적절한 상호작용을 한다. - 어떻게 알아볼 수 있을까? - 알아보는 데 어려운 점은 없니? - 어려운 점을 어떻게 해결해 보았니? 3) 가정연계학습 활동, 강수량 재어보기 활동을 소개한다. - ○○반이 궁금해 했던 비가 얼마큼 오는지 알아보는 실험활동을 해 볼 거야. - 강수량을 재어보기 위해서는 무엇이 필요할까?	**〈준비물〉** • 팀 활동지 • 가정연계활동지 (강수량을 재어보아요)

4) 가정연계학습 활동 준비물을 소개한다.
- 강수량을 알아보기 위해서는 비커가 필요해. 비커가 무엇인지 아니?
- 비커에는 숫자가 적혀 있어서 물이 얼마큼 들어 있는지 알 수 있게 해줘.
- 비커를 이용해서 비오는 날에 비의 양을 재어보자.

5) 활동방법을 알려준다.
- 비커에 빗물이 담기면 비커 안에 물과 내 눈이 직선이 된 상태에서 숫자를 봐야지 빗물의 양을 정확하게 알 수 있어.

[Tip]

- 교사는 시범을 보일 때, 비커 눈금 보는 방법을 유아들에게 정확하게 알려준다.
- 비커에 물을 담을 때, 비가 오는 것처럼 물뿌리개를 이용해본다.

〈마무리〉

6) 가정에서 가져온 활동지 결과를 가지고 유아들과 상호작용을 한다.
- 강수량이 어떻게 나왔니?
- 비의 양을 알 수 있었니?
- 강수량을 측정해 보니깐 어땠니?

[Tip]

- 교사도 함께 활동지를 하여 유아들과 비교한다.
- 강수량을 잴 때는 시간을 정하여 측정한다. 예) _시~_시까지 측정

강수량을 재어보아요.
○○반 ○○○   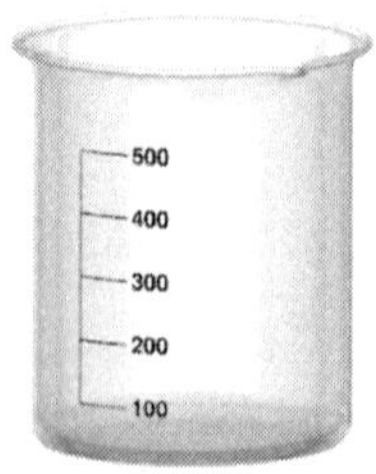   - 비의 양을 색칠해요.

[가정연계활동지 예시]

〈유의점〉

- 팀의 인원이 적절히 나눠질 수 있도록 도와준다.
- 생각하는 것을 어려워하는 유아가 있으면 교사가 적절한 스캐폴딩을 하며 도움을 준다.

(3) 문제해결을 위한 전개활동

<table>
<tr><th colspan="6">3차시</th></tr>
<tr><td>생활주제</td><td colspan="5">여름</td></tr>
<tr><td>주제</td><td>여름철 기후현상</td><td>소주제</td><td>날씨예보</td><td>활동유형</td><td>대소집단활동</td></tr>
<tr><td rowspan="2">활동명</td><td rowspan="2" colspan="2">날씨예보를 보고 날씨를 예측해요</td><td rowspan="2">관련(통합)영역</td><td>주영역</td><td>자연탐구</td></tr>
<tr><td>부영역</td><td>의사소통</td></tr>
<tr><td>활동목표</td><td colspan="5">• (지식) 날씨 기호를 안다.
• (기능) 날씨 예보를 보고 날씨를 예측할 수 있다.
• (테도) 날씨예보에 관심을 갖는다.</td></tr>
<tr><td>누리과정 관련요소</td><td colspan="5">• 자연탐구영역 〉 수학적 탐구하기 〉 기초적인 자료 수집과 결과 나타내기
• 자연탐구영역 〉 과학적 탐구하기 〉 자연현상 알아보기
• 의사소통영역 〉 말하기 〉 느낌, 생각, 경험 말하기</td></tr>
<tr><th colspan="5">학습내용</th><th>학습자원</th></tr>
<tr><td colspan="5">• 견학
- 기상청 견학
• 새롭게 알게 된 사실을 공유하기
- 기상청 견학 후 알게 된 점 이야기하기
- 기상캐스터 자격조건 알기</td><td>• 기상청 견학
• 메모지</td></tr>
<tr><th colspan="5">활동내용</th><th>준비물 및 유의점</th></tr>
<tr><td colspan="5">〈도입〉
1) 기상청 견학을 갈 것을 이야기한다.
2) 기상청에서 무엇을 알아보고 싶은지 이야기한다.
- 기상청에서 무엇을 알아보고 싶니?
- 궁금한 점은 무엇이 있니? 오늘 기상청에 가서 직접 물어볼 수 있게 생각해보자.

[Tip]
• 기상청 견학가기 전, 기상청에서 지켜야 할 약속을 정한다.
• 기상청에 대해 궁금한 질문을 미리 생각해보고, 견학 시 질문을 하고 대답을 들어보는 경험을 하도록 한다.</td><td>〈준비물〉
• 필기도구
• 메모지

〈유의점〉
• 견학 시 교사는 안전과 질서에 유의한다.</td></tr>
</table>

〈전개〉 3) 기상청견학을 간다. - 날씨를 어떻게 예측하는지를 안다. - 다양한 방법으로 날씨를 예측하는 것을 안다. 4) 기상캐스터를 만난다. - 기상캐스터가 되려면 어떻게 해야 하는지 안다. 5) 유아들이 궁금해 했던 것들을 질문하는 시간을 갖는다. **〈마무리〉** 6) 기상청 견학을 회상한다. - 기상청에 가서 무엇을 알게 되었니? - 기상캐스터가 되려면 어떻게 해야 하니? - 기상청에 갔다 온 느낌이 어땠니?	

<table>
<tr><th colspan="6">4차시</th></tr>
<tr><td>생활주제</td><td colspan="5">여름</td></tr>
<tr><td>주제</td><td>여름철 기후현상</td><td>소주제</td><td>기상청이
하는 일</td><td>활동유형</td><td>대소집단활동</td></tr>
<tr><td rowspan="2">활동명</td><td rowspan="2" colspan="2">견학, 기상청</td><td rowspan="2">관련(통합)영역</td><td>주영역</td><td>자연탐구</td></tr>
<tr><td>부영역</td><td>사회관계</td></tr>
<tr><td>활동목표</td><td colspan="5">• (지식) 기상청의 하는 일을 안다.
• (지식) 기상캐스터의 자격조건을 안다.
• (기능) 기상청 견학을 안전하게 다녀온다.
• (태도) 기상청에 관심을 갖는다.</td></tr>
<tr><td>누리과정
관련요소</td><td colspan="5">• 자연탐구영역 〉 탐구하는 태도 기르기 〉 탐구과정 즐기기
• 사회관계영역 〉 사회에 관심가지기 〉 지역사회에 관심 갖고 이해하기
• 의사소통영역 〉 말하기 〉 느낌, 생각, 경험 말하기</td></tr>
<tr><th colspan="5">학습내용</th><th>학습자원</th></tr>
<tr><td colspan="5">• 조사 공유하기
• 대그룹 활동
- 날씨 기호, 기온을 나타내는 숫자를 보고 의미를 안다.
- 날씨예보 표를 보고 어떤 날씨인지 이야기한다.</td><td>• 가정연계활동지</td></tr>
<tr><th colspan="5">활동내용</th><th>준비물 및 유의점</th></tr>
<tr><td colspan="5">〈도입〉
1) 기상캐스터 조사 활동지를 보면서 이야기 나눈다.
- 우리가 기상캐스터가 되기 위해서 무엇을 준비해야 한다고 적었었지?
- 날씨예보를 준비해야 한다고 했었지.

〈전개〉
2) 날씨예보 대해 이야기한다.
- 날씨예보는 어떻게 준비를 해야 할까?
- 날씨예보를 보는 방법을 알고 있니?
- 그림은 무엇을 말하는 걸까?
- 숫자는 무엇을 말하는 걸까?</td><td>〈준비물〉
• 컴퓨터
• 날씨기호
• 날씨예보 표
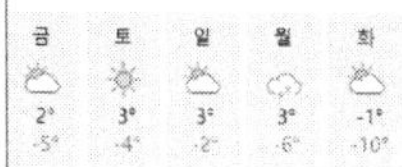
• 팀
활동지(기상캐스터 조사 활동지)</td></tr>
</table>

3) 날씨 기호에 대해 이야기 나눈다. (맑음, 흐림, 눈, 비 날씨기호를 보여준다.) - 이 그림은 무엇을 말하는 걸까? 4) 숫자를 보고 이야기 나눈다. - ℃ 기호는 무엇을 말하는 것일까? - 기호는 무엇을 뜻하는 것일까? (-1℃) 5) 날씨예보 표를 보여준다. - 날씨예보 표를 보고 어떤 날씨인지 알 수 있는 친구 있니? **〈마무리〉** 6) 활동을 회상하며 평가한다. - 오늘 어떤 활동을 했니? - 날씨 기호를 알 수 있니? - 날씨예보 표를 보고 날씨를 예측할 수 있겠니? 7) 다음 활동에 대해 이야기한다. - 다음 활동으로는 우리가 기상청에 견학을 가서 기상캐스터가 되려면 어떤 자세가 필요한지 알아보고 기상청이 하는 역할에 대해 알아보자.	

(4) 문제해결안 정리 및 발표

<table>
<tr><th colspan="6">5차시</th></tr>
<tr><td>생활주제</td><td colspan="5">여름</td></tr>
<tr><td>주제</td><td>여름철 기후현상</td><td>소주제</td><td>기상캐스터</td><td>활동유형</td><td>대소그룹</td></tr>
<tr><td rowspan="2">활동명</td><td colspan="2" rowspan="2">기상캐스터가 되어보아요</td><td rowspan="2">관련(통합)영역</td><td>주영역</td><td>의사소통</td></tr>
<tr><td>부영역</td><td>사회관계
자연탐구</td></tr>
<tr><td>활동목표</td><td colspan="5">• (지식) 날씨예보 표를 보고 날씨를 알 수 있다.
• (기능) 날씨예보 대본을 작성할 수 있다.
• (태도) 푸르른 기상청 기상캐스터가 될 수 있다.</td></tr>
<tr><td>누리과정
관련요소</td><td colspan="5">• 자연탐구영역 〉 수학적 탐구하기 〉 기초적인 자료 수집과 결과 나타내기
• 사회관계영역 〉 사회에 관심가지기 〉 지역사회에 관심 갖고 이해하기
• 의사소통영역 〉 말하기 〉 느낌, 생각, 경험 말하기</td></tr>
<tr><th colspan="5">학습내용</th><th>학습자원</th></tr>
<tr><td colspan="5">• 대그룹
- 기상캐스터가 되기 위해서 했던 활동을 회상한다.
• 발표
- 기상캐스터가 되어서 날씨예보를 한다.</td><td>• 날씨예보 표</td></tr>
<tr><th colspan="5">활동내용</th><th>준비물 및 유의점</th></tr>
<tr><td colspan="5">〈도입〉
1) 기상캐스터가 되기 위해 어떤 활동을 했는지 회상한다.
- 우리가 기상캐스터가 되기 위해 무엇을 준비했니?
2) 날씨예보 표를 보고 날씨예보를 할 수 있음을 안다.
- 날씨예보 표를 보고 날씨예보를 할 수 있니?
3) 기상캐스터의 자세가 무엇이 있었는지 회상한다.
- 기상청 견학을 갔을 때, 기상캐스터님이 무엇을 말씀해 주셨니?

〈전개〉
4) 팀을 정한다.
5) 교사는 팀별로 날씨예보 표를 준다.</td><td>〈준비물〉
• 마이크
• 날씨예보 표
• 기상캐스터
방송 환경구성</td></tr>
</table>

- 선생님이 일주일 날씨예보 표를 줄게요. 날씨를 예상해보고 기상캐스터가 되어 날씨예보를 해 보자. 6) 유아들은 날씨예보 표를 보고 날씨예보 대본을 작성한다. **[Tip]** • 교사는 돌아다니며 유아들과 상호작용을 한다. - 이날은 어떤 날씨라고 생각하니? - 어떻게 날씨를 알려주면 좋을까? 7) 유아들은 기상캐스터가 되어 날씨예보를 한다. - 날씨예보 대본을 작성한 것으로 기상캐스터가 되어 발표해볼까? **〈마무리〉** 8) 활동을 회상하며 평가한다. - 오늘 어떤 활동을 했니? - 기상캐스터가 되어보았는데 어땠니?	**〈유의점〉** • 날씨예보 표를 보고 날씨를 예상하는 것을 어려워하는 유아를 도와준다. • 유아가 자신감 있는 태도로 발표할 수 있도록 용기를 준다.

활동 3

✤ '푸르른 기상청' 4차시 활동을 위한 <기상캐스터 조사 활동지>를 만들어 봅시다.

4장

사례 Ⅲ-'우리 반 선거'

1. 주제 선정이유 및 활동 목표

유아기는 생활 속에서 자신의 권리와 책임, 의무와 역할, 규칙과 규범을 하나씩 배워나가는 시기이다. 따라서 자신의 권리와 책임을 실행하고 사회구성원으로서 민주적 의식과 행동을 돕기 위한 민주시민교육은 유아기부터 시작되어야 한다(조순옥 외, 2016).

'우리 반 선거'는 유아들이 민주사회에서의 규칙과 규범에 대한 자신의 생각을 말로 표현해보는 기회를 가질 수 있으며, 의사결정 과정과 의견을 모으는 다양한 방법을 알아보기에 적합한 주제이다. 따라서 본 활동을 통해 유아들은 민주적인 선거에 대한 실제적 경험을 할 수 있으며, 올바른 리더의 중요성 및 필요성과 규칙의 중요성에 대해 이해할 수 있게 된다.

〈표 3-12〉 '우리 반 선거'의 활동 목표

구 분	활동 목표
지식	- 리더가 무엇인지 안다. - 리더상이 무엇인지 안다. - 선출 관정에 대해 안다. - 규칙의 중요성을 안다. - 선거가 무엇인지에 대해 안다.
기능	- 리더 선출 방법에 대해 이야기한다. - 리더십에 대해 이야기한다. - 규칙을 준수한다. - 자신의 의견을 이야기한다. - 자신의 의견을 다른 사람 앞에서 논리적으로 이야기한다.
태도	- 자신과 다른 의견을 존중하는 태도를 갖는다. - 우리 주변의 리더에 관심을 갖는다. - 활동에 적극적으로 참여한다. - 자신과 다른 의견을 존중하는 태도를 갖는다. - 결정된 의견을 수용한다.

2. 전체 수업 계획

PBL 수업 진행을 위한 문제지도와 문제시나리오는 다음과 같이 제시되었다. 문제지도와 문제시나리오는 [그림 3-6]과 같이 '우리반 선거'를 진행하며 리더를 뽑는 과정에서 유아들은 리더가 무엇인지 알고, 리더 선출 과정, 규칙의 중요성을 알 수 있도록 구성되었다. 교사는 유아들이 리더에 대해 관심을 가질 수 있도록 문제시나리오를 편지형식으로 하여 우리 반 리더를 뽑아보는 것은 어떤지, 원하는 사람은 모두가 후보가 되어 진행하게 되는 선거의 과정에 대해 간단히 이야기하고 있다. 유아들은 '우리 반 선거' PBL의 전 과정을 거치며 좋은 리더의 필요성을 인식하게 되며 자신의 의견을 이야기하고 타인의 의견을 경청하는 방법에 대해서도 자연스럽게 습득할 수 있게 된다.

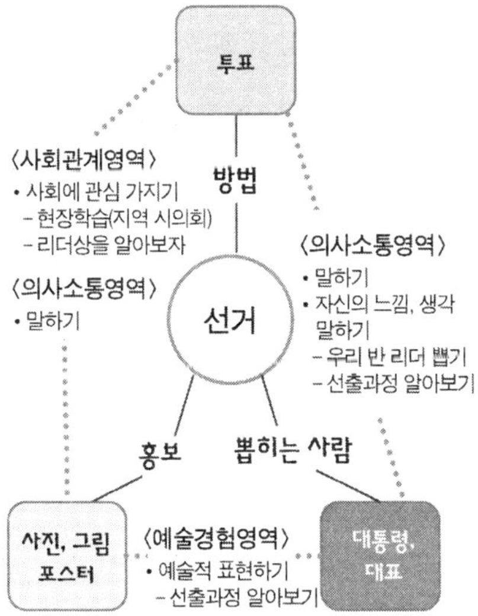

〈문제지도〉

> 친구들 안녕!
> 난 마리라고 해. 너희 혹시 '선거'라는 말 들어 본적 있어?
> 우와 '선거'라는 말을 들어본 친구가 많구나!
> 그럼 '투표'가 무엇인지 아니? '투표'는 선거를 할 때 어떤 사람을 우리를 대표하는 사람으로 뽑을지 결정하는 것을 의미한대. 대표하는 사람을 '리더'라고도 해.
> 그런데 얘들아! 내가 여기 왜 왔냐면 어떤 친구의 편지를 받아서야. 그 친구가 준 편지에는 '친구들과 놀이하는 것은 정말 좋은데 아직 규칙이 없고 불편한 점이 많아서 누군가 나서서 문제를 같이 해결해 주었으면 좋겠어'라고 쓰여 있었어.
> 우리 반에도 대표하는 친구를 뽑아보는 건 어떨까?
> 원하는 사람은 모두가 후보가 되어서 말이야!
> 재미있을 것 같지 않니? 다들 좋다고?
> 자 그럼 우리 반 대표가 되기를 원하는 사람은 모두가 후보가 되어서 선거를 해보도록 하자! 우선 후보가 된 친구들은 선거 포스터도 만들고 공약도 만들어서 우리 반 친구들 중 누군가 꼭 우리 반 대표가 되길 바랄게!
> 후보가 되고 싶지 않은 친구들은 후보가 된 친구들과 함께 선거포스터와 공약을 함께 만들어 보자.
> 그럼 나는 우리 반 선거일인 ○월 ○일에 다시 올게! 안녕~

〈문제시나리오〉

[그림 3-6] '우리 반 선거' 문제지도와 문제시나리오

'우리반 선거'는 방법, 홍보, 뽑히는 사람을 중심으로 주제망이 구성되었다. 선거의 방법과 홍보는 사회관계영역과 의사소통영역에서 다룰 수 있다. 투표하는 방법에 대한 안내, 사진 및 그림, 포스터를 활용한 홍보는 의사소통영역에서 다룰 수 있는데, 현장학습을 통해 직접 물어보고 지역 위원을 뽑기 위한 포스터를 보며 지역사회에 관심을 가질 수 있도록 유도하면서 올바른 리더상과 필요한 리더에 대한 이야기

를 유아들과 함께 나누어볼 수 있다. 선거 홍보포스터를 만드는 활동은 예술경험영역에서 다룰 수 있다. 유아들은 선거포스터를 직접 꾸미고 만들며 홍보를 위한 적절한 방법을 모색해볼 수 있다. 이러한 과정을 통해 유아들은 자신의 느낌과 생각을 이야기하며 선거의 과정을 자연스럽게 알 수 있게 된다.

'우리 반 선거' PBL을 진행하려면 다양한 국가의 리더와 선거과정을 유아들이 쉽게 이해하기 할 수 있는 실물자료를 다양하게 활용해야 한다(〈표 3-13〉 참조). 선거유세에 필요한 홍보물품을 직접 만들어 볼 수 있게 실제 이미지 자료를 학급 게시판이나 벽면에 부착해 준다. 선거유세를 위한 홍보내용과 물품이 자칫 반에서 인기 있는 친구를 뽑는 투표가 되지 않도록 역할영역에 나열되어 있는 리더들의 장점을 찾아볼 수 있는 활동과 함께 하는 것이 바람직하다.

'우리 반 선거' 활동은 리더가 필요하다는 편지형식의 문제시나리오로 시작되어 리더를 어떻게 뽑는 것인지에 대한 문제제시와 이를 해결하기 위한 사전조사, 전개활동으로 리더상을 알아보고, 지역 시의회를 다녀오는 활동을 진행한다. 지역 시의회 방문을 통해 유아들은 막연하거나 멀게만 느껴지는 리더에 대한 관심과 선출과정에 대해 보다 구체적으로 알 수 있게 된다.

〈표 3-13〉 **'우리 반 선거' 자유놀이활동 영역 환경구성안**

언어영역	 리더와 선거에 관련된 책 구비	 우리반 신문고 설치	 선거 공보물 구비

미술영역	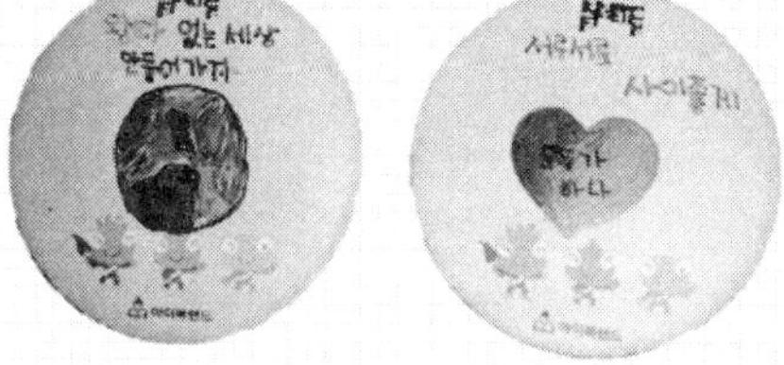 선거 브로치 만들기  각종 꾸미기 재료
역할영역	 리더 가면
수·조작 영역	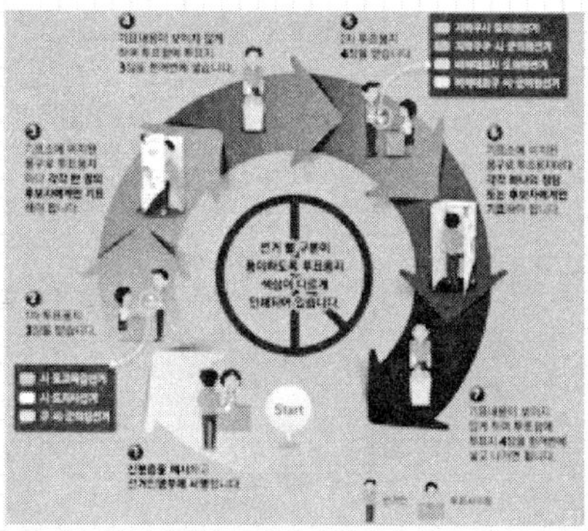 선거 순서 퍼즐

각 차시별 단계와 활동은 다음 〈표 3-14〉와 같이 진행된다. 관련 영역을 살펴보면 활동의 모든 차시에서 주영역은 자신의 생각과 느낌을 말하고, 다른 사람의 이야기

를 바른 태도로 듣는 의사소통으로 진행되며, 부영역은 사회관계로 진행된다.

〈표 3-14〉 '우리 반 선거' 차시별 단계 및 활동

차 시	단 계	활동명
1차시	문제제시	리더는 어떻게 뽑는걸까?
2차시	문제해결을 위한 사전활동	리더십을 알아보자
3차시	문제해결을 위한 전개활동	지역 시의회 다녀오기
4차시		선출 과정 알아보기
5차시	문제해결안 정리 및 발표	우리 반 리더 선출

3. 수업계획안

(1) 문제 제시

<table>
<tr><th colspan="6">1차시</th></tr>
<tr><td>생활주제</td><td colspan="5">우리 동네</td></tr>
<tr><td>주제</td><td>리더</td><td>소주제</td><td>리더에 대해
알아보자</td><td>활동유형</td><td>대집단</td></tr>
<tr><td rowspan="2">활동명</td><td colspan="2" rowspan="2">리더는 어떻게 뽑는걸까?</td><td rowspan="2">관련영역</td><td>주영역</td><td>의사소통</td></tr>
<tr><td>부영역</td><td>사회관계</td></tr>
<tr><td>활동목표</td><td colspan="5">• (지식) 리더가 무엇인지 안다.
• (기능) 리더 선출 방법에 대해 이야기한다.
• (태도) 자신과 다른 의견을 존중하는 태도를 갖는다.</td></tr>
<tr><td>누리과정
관련요소</td><td colspan="5">• 의사소통 〉 말하기 〉 자신의 생각, 느낌 말하기
• 의사소통 〉 듣기 〉 바른 태도로 듣기</td></tr>
<tr><th colspan="5">학습내용</th><th>학습자원</th></tr>
<tr><td colspan="5">• 문제제시
- 선거 포스터를 본다.
• 문제파악 및 분석
• 문제차트 도출하기
• 학습계획 세우기</td><td>• 선거 포스터</td></tr>
<tr><th colspan="5">활동내용</th><th>준비물 및 유의점</th></tr>
<tr><td colspan="5">〈도입〉
1) 선거 포스터를 보며 흥미 유발
- 이건 무엇일까?
- 누굴 뽑는 걸까?
2) 리더에 대해 안다.
- 리더가 무엇인지 아니?
- 리더는 어떤 일을 하는 사람일까?</td><td>〈준비물〉
• 선거 포스터</td></tr>
</table>

<table>
<tr><td>
3) 리더의 필요성을 안다.
- 리더는 사람들의 이야기를 잘 들어주며 중요한 선택을 하기도 하고 여러 사람들을 대신해서 집단을 이끌어 나가는 역할을 하는 사람이다.

〈전개〉
4) 리더 선출방법에 대해 이야기한다.
- 리더는 어떻게 뽑는 걸까?

<table>
<tr><th>알고 있어요</th><th>궁금해요</th><th>어떻게 알아볼까?</th><th>예측해보기</th></tr>
<tr><td>• 사람들이 뽑아요.
• 착한 사람이 뽑혀요.
• 나 뽑아달라고 얘기해요.</td><td>• 무엇으로 뽑는 걸까?
• 그 사람이 누군지 알고 뽑아요?</td><td>• 책에서 찾아봐요.
• 직접 찾아가서 물어봐요.
• 원장선생님께 물어봐요.</td><td>• 투표를 해요.
• 하고 싶은 사람이 자기를 표현해요.
• 100명이 투표해요.</td></tr>
</table>
〈마무리〉
5) 조사 방법에 대해 이야기 나눈다.
- 어떻게 하면 우리가 재미있게 해결할 수 있을까?
- 다음 시간에 팀을 나누어 함께 해결할 수 있는 방법을 찾아보자.
- OO반이 생각하는 리더는 어떤 사람일지 자유롭게 그려보자.
</td><td>
〈유의점〉
• 유아들이 리더에 대한 개념을 정확히 이해할 수 있도록 설명한다.
</td></tr>
</table>

(2) 문제해결을 위한 사전활동

<table>
<tr><th colspan="6">2차시</th></tr>
<tr><td>생활주제</td><td colspan="5">우리 동네</td></tr>
<tr><td>주제</td><td>리더</td><td>소주제</td><td>우리주변 리더</td><td>활동유형</td><td>소집단</td></tr>
<tr><td rowspan="2">활동명</td><td rowspan="2" colspan="2">리더십을 알아보자</td><td rowspan="2">관련영역</td><td>주영역</td><td>의사소통</td></tr>
<tr><td>부영역</td><td>사회관계</td></tr>
<tr><td>활동목표</td><td colspan="5">• (지식) 리더십을 무엇인지 안다.
• (기능) 리더십에 대해 이야기한다.
• (태도) 우리 주변의 리더에 관심을 갖는다.</td></tr>
<tr><td>누리과정 관련요소</td><td colspan="5">• 의사소통 〉 말하기 〉 자신의 생각, 느낌 말하기
• 의사소통 〉 듣기 〉 바른 태도로 듣기
• 사회관계 〉 사회에 관심 갖기 〉 지역사회에 관심 갖고 이해하기</td></tr>
<tr><td colspan="5">학습내용</td><td>학습자원</td></tr>
<tr><td colspan="5">• 개별학습
- 팀 구성하기
- 가정과의 연계
: 모둠별 브레인스토밍 내용을 바탕으로 가정과 연계하여 조사한다.</td><td>• 가정연계활동지</td></tr>
<tr><td colspan="5">활동내용</td><td>준비물 및 유의점</td></tr>
<tr><td colspan="5">〈도입〉
1) '궁금해요' 질문으로 팀을 구성한다.
- '궁금해요' 질문에서 비슷한 것을 알아보고 싶어 하는 친구들끼리 팀을 나눌 거야.
- 그럼 팀 자리로 돌아가서 친구들과 함께 해결해 보자.
2) 교사는 팀마다 돌아다니며 적절한 상호작용을 한다.
- 어떻게 알아보고 있니?
- 어려운 점은 없니?

[Tip]
• 문제해결안을 코칭 하고 유아가 해결안을 수정할 수 있도록 지도한다.
• 문제해결안이 실패했을 경우 재시도할 수 있도록 격려한다.</td><td>〈준비물〉
• 가정연계활동지(우리 주변에 어떤 리더가 있을까?, 궁금합니다!)</td></tr>
</table>

〈전개〉

3) 유아들이 해결한 내용에 대해 이야기 나눈다.
   - 리더는 무엇으로 뽑는 것이지 알게 되었니?
   - 후보가 누군지 어떻게 알게 되었니?
   - 어떤 방법으로 알게 되었니?
   - 궁금점을 알아보는 데 어려운 점은 없었니?
   - 어려운 점을 어떻게 해결해 보았니?
   - 더 알아보고 싶은 것이 있니?
4) 리더상에 대해 안다.
   - 어떤 사람이 리더가 될까?
   - 리더가 되기 위해선 무엇이 필요할까?
5) 리더상에 대해 설명한다.
   - 리더는 책임감이 있어야 하고 자신감도 있어야 겠지.

〈마무리〉

6) 활동을 마무리한다.
   - 우리 주변엔 또 어떤 리더들이 있는지 집에 가서 알아보도록 하자.
   - 그리고 다음시간에 우리가 어디로 현장견학을 가지?
   - 그곳에 가서 만난 분들에게 여쭤보고 싶은 질문을 적어와 보도록 하자.

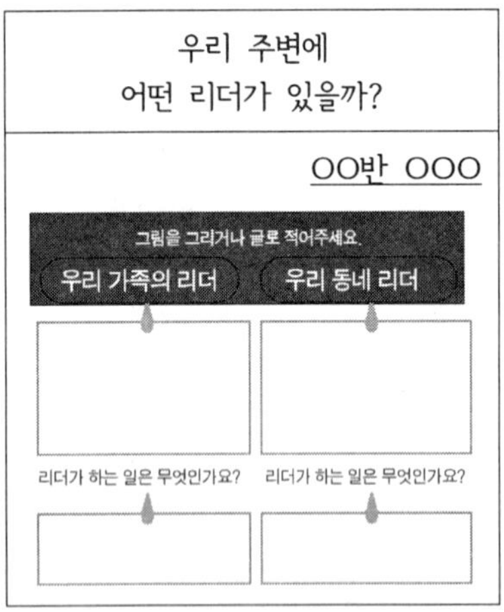

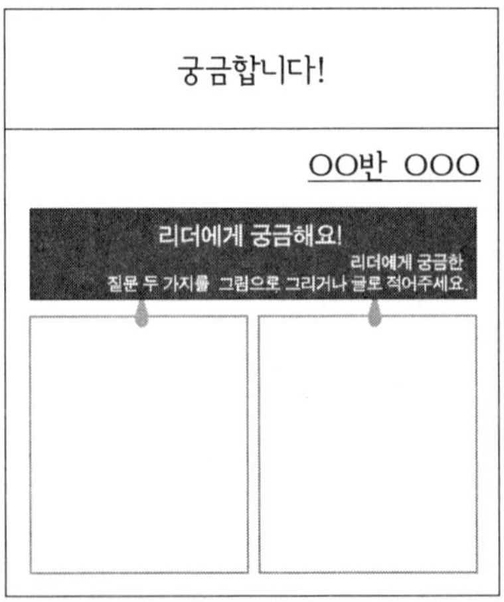

[가정연계활동지 예시]

〈유의점〉

- 교사가 상호작용하며 구체적으로 이야기 나눈다. (예: 어떻게 알아보면 될까?, 우리가 또 무엇을 생각해 보면 좋을까?)

(3) 문제해결을 위한 전개활동

<table>
<tr><th colspan="6">3차시</th></tr>
<tr><td>생활주제</td><td colspan="5">우리 동네</td></tr>
<tr><td>주제</td><td>리더</td><td>소주제</td><td>지역 시의회 견학</td><td>활동유형</td><td>대집단</td></tr>
<tr><td rowspan="2">활동명</td><td colspan="2" rowspan="2">지역 시의회 다녀오기</td><td rowspan="2">관련영역</td><td>주영역</td><td>의사소통</td></tr>
<tr><td>부영역</td><td>사회관계</td></tr>
<tr><td>활동목표</td><td colspan="5">• (지식) 선출 관정에 대해 안다.
• (기능) 규칙을 준수한다.
• (태도) 활동에 적극적으로 참여한다.</td></tr>
<tr><td>누리과정 관련요소</td><td colspan="5">• 의사소통 〉 말하기 〉 자신의 생각, 느낌 말하기
• 의사소통 〉 듣기 〉 바른 태도로 듣기
• 사회관계 〉 사회에 관심 갖기 〉 지역사회에 관심 갖고 이해하기</td></tr>
<tr><th colspan="5">학습내용</th><th>학습자원</th></tr>
<tr><td colspan="5">• 조사 공유하기
- 가정연계활동지 공유
• 적용하기</td><td>• 가정연계활동지</td></tr>
<tr><th colspan="5">활동내용</th><th>준비물 및 유의점</th></tr>
<tr><td colspan="5">1) 출발 전 가정연계활동지에 대해 이야기 나눈다.
- 무엇을 알아오기로 했었지?
- 어떤 질문들을 써 왔니?
- 먼저 인사를 드리고 질문을 물어봐야겠지?
2) 현장학습 가서 지켜야 될 약속에 대해 이야기 나눈다.
- 그곳에 가서는 어떻게 행동해야 할까?
- 지켜야 될 약속에는 무엇이 있을까?

〈현장학습〉
3) 시의회를 탐방한다.
4) 위원 두 분을 초청 후 이야기 나눈다.
5) 궁금했던 질문 물어보기
6) 유치원으로 돌아오기</td><td>〈준비물〉
• 유아들이 조사해 온 가정연계활동지(우리 주변에 어떤 리더가 있을까?, 궁금합니다!)
• 물통
• 연필
• 색연필</td></tr>
</table>

<table>
<tr><th colspan="6">4차시</th></tr>
<tr><td>생활주제</td><td colspan="5">우리 동네</td></tr>
<tr><td>주제</td><td>리더</td><td>소주제</td><td>선출 과정</td><td>활동유형</td><td>대집단</td></tr>
<tr><td rowspan="2">활동명</td><td colspan="2" rowspan="2">선출 과정 알아보기</td><td rowspan="2">관련영역</td><td>주영역</td><td>의사소통</td></tr>
<tr><td>부영역</td><td>사회관계</td></tr>
<tr><td>활동목표</td><td colspan="5">• (지식) 규칙의 중요성을 안다.
• (기능) 자신의 의견을 이야기한다.
• (태도) 자신과 다른 의견을 존중하는 태도를 갖는다.</td></tr>
<tr><td>누리과정
관련요소</td><td colspan="5">• 의사소통 〉 말하기 〉 자신의 생각, 느낌 말하기
• 의사소통 〉 듣기 〉 바른 태도로 듣기
• 의사소통 〉 말하기 〉 상황에 맞게 바른 태도로 말하기
• 예술경험 〉 예술적 표현하기 〉 미술활동으로 표현하기</td></tr>
<tr><td colspan="5">학습내용</td><td>학습자원</td></tr>
<tr><td colspan="5">• 현장학습 회상
- 현장학습 다녀온 일을 회상한다.
• 새롭게 알게 된 사실을 공유하기
- 활동을 하며 새롭게 알게 된 사실을 공유한다.</td><td>• 선거유세 자료를 만들기 위한 다양한 재료</td></tr>
<tr><td colspan="5">활동내용</td><td>준비물 및 유의점</td></tr>
<tr><td colspan="5">〈도입〉
1) 현장학습 다녀온 것에 대해 이야기 나눈다.
- 가서 누굴 만났니?
- 궁금했던 것들에 대해 알게 되었니?
2) 현장학습 경험에 대해 이야기 나눈다.
- 어떤 것을 알게 되었는지 이야기해 볼 친구 있니?
- 더 이야기하고 싶은 것이 있니?

〈전개〉
3) 선거 단계에 대해 이야기 나눈다.
- 리더는 어떤 방법으로 뽑는다고 했지?
- 그럼 선출 과정을 아니?</td><td>〈준비물〉
• 색연필
• 색종이
• 수수깡
• 블록
• A4용지
• 색종이</td></tr>
</table>

- 리더를 선택하기 전에 어떤 단계가 있을까?
- 우선 원하는 사람이 후보가 되고, 후보들은 자신을 뽑아달라는 유세를 한 후 모두가 참여하여 투표를 해. 그리고 표를 가장 많이 받은 사람이 리더가 되는 거지.

4) 선거 유세 과정을 이야기 나눈다.
- 선거 유세하는 과정을 왜 거쳐야 할까?
- 만약 그걸 하지 않으면 어떻게 될까?

〈마무리〉

5) 문제해결 차트를 보며 회상하기, 활동 정리해보기
- 우리가 지금까지 어떤 것을 해 보았니?
- 알아 볼 때 어려웠던 점이 있었니?
- 어떻게 해결했니?
- 더 해 보고 싶은 것이 있니?
- 우리가 선거하는 방법과 과정을 알아보았으니 이번에 직접 후보자가 되어 우리 반 리더를 뽑는 선거를 해보자. 원하는 친구들은 미술영역에서 자신을 유세할 수 있는 것을 만들어 보도록 하사.

알고 있어요	궁금해요	어떻게 알아볼까?	예측해보기	새롭게 알게 된 사실
• 사람들이 뽑아요. • 착한 사람이 뽑혀요. • 나 뽑아달라고 얘기해요.	• 무엇으로 뽑는 걸까? • 그 사람이 누군지 알고 뽑아요?	• 책에서 찾아봐요. • 직접 찾아가서 물어봐요. • 원장선생님께 물어봐요.	• 투표를 해요. • 하고 싶은 사람이 자기를 표현해요. • 100명이 투표해요.	• 우리가 뽑고 싶은 사람한테 표를 주고 많이 받은 사람이 뽑혀요. • 나를 뽑아 달라고 선거 유세를 해요.

〈유의점〉

• 어려운 단어(예: 유세)를 이해하지 못하는 유아가 있다면 자세히 설명해 준다. (예: 유세는 자기를 뽑아주면 사람들을 위해 무엇을 할 수 있는지 이야기하면서 자기를 뽑아달라고 이야기하는 거야.)

(4) 문제해결안 정리 및 발표

<table>
<tr><th colspan="6">5차시</th></tr>
<tr><td>생활주제</td><td colspan="5">우리 동네</td></tr>
<tr><td>주제</td><td>리더</td><td>소주제</td><td>리더 선출하기</td><td>활동유형</td><td>대집단</td></tr>
<tr><td rowspan="2">활동명</td><td rowspan="2" colspan="2">우리 반 리더 선출</td><td rowspan="2">관련영역</td><td>주영역</td><td>의사소통</td></tr>
<tr><td>부영역</td><td>사회관계</td></tr>
<tr><td>활동목표</td><td colspan="5">• (지식) 선거가 무엇인지에 대해 안다.
• (기능) 자신의 의견을 다른 사람 앞에서 논리적으로 이야기한다.
• (태도) 결정된 의견을 수용한다.</td></tr>
<tr><td>누리과정 관련요소</td><td colspan="5">• 사회관계 〉 다른 사람과 더불어 생활하기 〉 사회적 가치를 알고 지키기
• 의사소통 〉 듣기 〉 바른 태도로 듣기
• 의사소통 〉 말하기 〉 상황에 맞게 바른 태도로 말하기</td></tr>
<tr><th colspan="5">학습내용</th><th>학습자원</th></tr>
<tr><td colspan="5">• 선거 및 선출
- 후보자를 선정한다.
- 선거규칙을 알아본다.
- 선거유세를 한다.
- 투표를 하여 대표를 선출한다.</td><td>• 투표를 위한 관련 자료들</td></tr>
<tr><th colspan="5">활동내용</th><th>준비물 및 유의점</th></tr>
<tr><td colspan="5">〈도입〉
1) 리더 뽑는 날임을 이야기한다.
- 오늘 무엇을 한다고 했었지?
2) 후보자 순서를 이야기한다.
- 후보자 순서는 어떤 방법으로 정하면 좋겠니?
3) 마지막 선거유세를 한다.
- 이제 우리 반 리더를 뽑는 투표를 진행할 건데, 마지막으로 '저를 뽑아주세요!' 선거유세를 하려고 해. 기호 1번부터 나와서 말해보자.
4) 투표 순서를 융판에 붙인다.</td><td>〈준비물〉
• 투표 상자
• 투표종이
• 도장
• 융판
• 선거포스터</td></tr>
</table>

[Tip]

- 유아가 순서를 먼저 이야기 할 수 있도록 발문한다.
  (예: 처음엔 무엇을 해야 하지? 그 다음엔 어떤 것을 해야 할까?)

〈전개〉

5) 선거 규칙에 대해 이야기한다.
   - 선거를 할 때 지켜야 할 약속은 무엇이 있을까?

[Tip]

- 모든 유아가 함께 참여할 수 있도록 독려한다.

〈유의점〉

- 유아들이 규칙을 지키며 투표할 수 있도록 돕는다.

6) 투표를 시작한다.
7) 투표를 마무리하다
8) 개표를 한다.

〈마무리〉

9) 선거를 해 본 느낌에 대해 이야기 나눈다.
   - 리더 후보가 되었을 때 기분이 어땠니?
   - 선거유세를 할 때는 어떤 마음이 들었었니?
   - ○○반이 직접 투표를 해보니 어땠니?
10) 당선된 친구와 이야기를 나눈다.
   - 당선된 ○○이가 나와서 소감을 말해 보자.
   - 공약이 무엇이었지?
   - ○○반이 친구가 공약을 실천할 수 있도록 도와주도록 하자.

활동 4

✤ 민주시민교육과 관련된 PBL 활동을 직접 계획한다면 어떤 활동을 할 수 있는지 간단히 계획해 봅시다.

주제:

주제 선정 이유:

차 시	단 계	활동명	활동내용
1차시	문제 제시		
2차시	문제해결을 위한 사전활동		
3차시	문제해결을 위한 전개활동		
4차시			
5차시	문제해결안 정리 및 발표		

5장

사례 Ⅳ-'영양사 되어보기'

1. 주제 선정이유 및 활동 복표

유아기에는 성장 발육이 왕성하게 일어나며 활동량이 많기 때문에 충분한 영양을 섭취할 수 있도록 돕는 것은 유아기뿐 아니라 일생 동안의 건강을 위한 기초를 형성하는 밑거름이 될 수 있다(정미라, 배소연, 이영미, 2012).

특히 3세 전후부터는 특정 식품에 대한 기호가 생기기 시작하면서 편식, 식욕 부진 등의 문제가 생기기 쉽다. 따라서 올바른 식생활 습관 형성을 돕기 위한 전략으로 식품의 영양에 대한 활동을 진행하는 것은 유아기의 올바른 식습관 형성에 도움이 될 수 있다. 본 활동은 동화책 속 주인공 '마리'의 문제를 해결하기 위한 방법을 모색하는 과정을 통해 유아가 올바른 식습관의 중요성을 스스로 인식할 수 있도록 하고 있다. 유아가 고른 영양의 필요성을 알고, 직접 영양사가 되어 식단을 구성하는 경험은 유아의 바른 식습관 형성에 도움을 줄 수 있다.

〈표 3-15〉 '영양사 되어보기' 활동 목표

구 분	활동 목표
지식	- 올바른 식단을 짜기 위해 필요한 것들을 안다. - 식품구성탑이 무엇인지 안다. - 5대 영양소를 안다. - 올바른 식습관의 중요성을 안다. - 캠페인이 무엇인지 안다.
기능	- 올바른 식단 짜기를 위한 조사계획을 세울 수 있다. - 가정에서 식품구성탑을 이용하여 식단을 짤 수 있다. - 영양소가 골고루 갖춘 식단으로 수정할 수 있다. - 캠페인 활동을 할 수 있다.
태도	- 다양한 의견을 존중할 수 있는 태도를 기를 수 있다. - 영양소의 중요성을 깨닫는다. - 올바른 식습관을 가질 수 있다. - 친구와 협력하는 태도를 기를 수 있다.

2. 전체 수업 계획

PBL 수업 진행을 위한 문제지도와 문제시나리오는 다음과 같이 제시되었다. 문제지도와 문제시나리오는 [그림 3-7]과 같이 〈편식쟁이 마리〉라는 동화책을 제시하고, 이에 대해 함께 이야기를 나누며 시작하게 된다. 유아들은 동화책을 통해 주인공이 가지고 있는 어려움과 문제점에 함께 공감하고 주인공을 돕기 위한 방법을 모색하는 과정으로 '영양사 되어보기' 활동을 진행하게 된다. 편식이 점점 많아지고 있는 유아들에게 자신과 밀접한 문제가 제시됨으로써 유아들이 영양에 대해 관심을 갖고, 유치원에서 자주 접하는 영양사의 역할에 대해 관심을 확대할 수 있다. 영양사가 알아야 할 음식에 대한 지식, 태도, 하는 일 등에 대해 알 수 있도록 교사는 문제지도를 구성하고 유아가 문제를 해결할 수 있도록 적절한 순간에 도움을 주며 가이드하는 역할을 하게 된다.

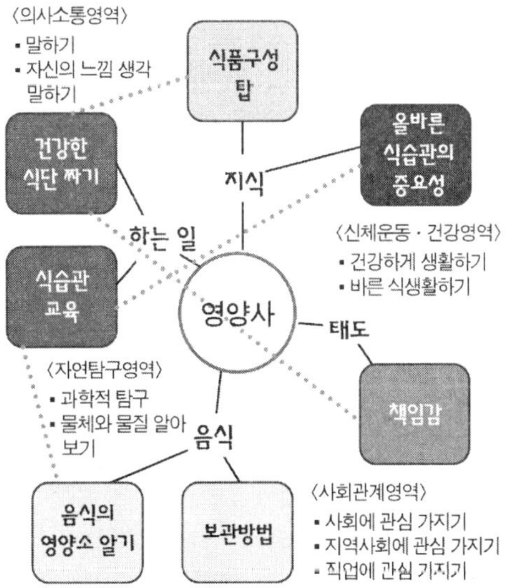

〈문제지도〉

〈문제시나리오〉

[그림 3-7] '영양사 되어보기' 문제지도와 문제시나리오

영양사는 영양사가 하는 일, 태도, 지식으로 주제망이 구성되었다. 〈편식쟁이 마리〉 동화책을 읽고 유아들이 마리를 위한 영양사가 되어 영양소가 골고루 갖춘 식단을 짜보는 것으로 문제시나리오를 제시한다.

음식의 영양소를 알기 위해 식품구성탑을 배움으로써 과학탐구영역 물체와 물질을 알아보는 활동을 한다. 그리고 식품구성탑을 바탕으로 마리를 위한 식단을 만들어본다. 영양사를 초대하여 자신이 짠 식단이 적절한지 피드백을 받는 활동과 올바른 식습관의 중요성에 대해 배운다.

마무리로 캠페인 활동을 하며 주변 친구들에게 올바른 식습관의 중요성을 알려주며 사회관계능력을 키우고 바른 식생활을 할 수 있는 기대를 가질 수 있다.

각 차시별 단계와 활동은 다음 〈표 3-16〉과 같이 진행된다. '영양사 되어보기' 활동은 편식에 대한 문제점을 유아들이 발견하게 하고, 동화책 주인공인 마리의 편식 습관을 해결하는 형식으로 진행된다. 문제제시 과정에서 유아들은 음식의 영양소를 조사하고, 건강한 식단에 대한 지식을 갖게 된다. 문제해결을 위한 사전활동과 전개활동에서는 식품구성탑에 대해 알고 영양사를 직접 초대하여 건강한 식단구성과 올바른 식습관에 대해 알 수 있게 된다. 문제해결안 정리 및 발표의 과정에서는 캠페인 활동을 하며 유아들이 편식문제를 해결할 수 있는 방법을 직접 실행해보도록 한다. 관련 영역을 살펴보면 활동의 모든 차시에서 주영역은 신체운동과 건강이며, 부영역은 자신이 알게 된 지식을 타인에게 바르게 전달하는 의사소통으로 진행된다.

〈표 3-16〉 **'영양사 되어보기' 차시별 단계 및 활동**

차 시	단 계	활동명
1차시	문제 제시	'편식쟁이 마리' 동화책 (문제시나리오)
2차시	문제해결을 위한 사전활동	마리의 영양사가 되어 식단 짜기
3차시	문제해결을 위한 전개활동	영양사 초대 영양소가 골고루 갖춘 식단 알아보기
4차시		영양사 초대 올바른 식습관을 가져야 하는 이유 알기
5차시	문제해결안 정리 및 발표	캠페인 활동 - 편식, 바른 식습관

3. 수업계획안

(1) 문제 제시

<table>
<tr><th colspan="6">1차시</th></tr>
<tr><td>생활주제</td><td colspan="5">건강과 안전</td></tr>
<tr><td>주제</td><td>맛있는 음식과 영양</td><td>소주제</td><td>편식</td><td>활동유형</td><td>대소집단활동</td></tr>
<tr><td rowspan="2">활동 명</td><td colspan="2" rowspan="2">편식 쟁이 마리</td><td rowspan="2">관련(통합)영역</td><td>주연역</td><td>신체운동 건강</td></tr>
<tr><td>부영역</td><td>의사소통</td></tr>
<tr><td>활동목표</td><td colspan="5">• (지식) 올바른 식단을 짜기 위해 필요한 것들을 안다.
• (기능) 올바른 식단 짜기를 위한 조사계획을 세울 수 있다.
• (태도) 다양힌 의견을 존중할 수 있는 태도를 기를 수 있다.</td></tr>
<tr><td>누리과정 관련요소</td><td colspan="5">• 신체운동 · 건강영역 〉 건강하게 생활하기 〉 바른 식생활하기
• 의사소통영역 〉 듣기 〉 동요, 동시, 동화 듣고 이해하기
• 의사소통영역 〉 쓰기 〉 쓰기에 관심가지기</td></tr>
<tr><th colspan="5">학습내용</th><th>학습자원</th></tr>
<tr><td colspan="5">• 문제제시
- '편식쟁이 마리' 동화책
• 문제파악 및 분석
• 문제차트 도출 도출하기
• 문제해결안 세우기</td><td>• 동화책: '편식 쟁이 마리'
시공 주니어(2003)</td></tr>
<tr><th colspan="5">활동내용</th><th>준비물 및 유의점</th></tr>
<tr><td colspan="5">〈도입〉
1) '편식쟁이 마리' 동화책 표지로 흥미유발을 한다.
- 표지 속에 있는 여자아이는 누구일까?
- 이 아이는 왜 이런 표정을 하고 있을까?

〈전개〉
2) 동화책을 읽어준다.
3) 동화책을 회상한다.
- 마리는 편식을 어떻게 고치게 되었니?
- 마리의 엄마는 마리의 편식을 왜 고치려고 했을까?</td><td>〈준비물〉
• 편식 쟁이 마리' 동화책

〈유의점〉
• 화이트보드를 준비하고, 유아가 이야기한 것들을 바로 적으며 함께 볼 수 있도록 한다.</td></tr>
</table>

4) 마리를 위한 영양사가 되어 식단을 짜보는 활동을 알려준다.
- 마리가 음식을 골고루 먹을 수 있게 ○○반이 영양사가 되어 마리를 위한 식단을 짜보자.
- 건강한 식단을 짜기 위해서 무엇을 알아야 할까?

알고 있어요	궁금해요	어떻게 알아볼까?	예측해보기
• 편식은 나쁘다. • 음식을 골고루 먹어야 한다.	• 영양소가 갖춘 식단은 어떻게 짜요? • 음식의 영양소는 어떻게 되나요? • 바른 식습관은 왜 가져야 하나요?	• 영양사님께 물어봐요. • 식품구성탑 을 알아봐요. • 음식의 영양소를 알아 봐요.	• 밥을 먹으면 힘이 생겨. • 쌀은 꼭 먹어야해.

〈마무리〉

5) 다음 활동을 알려준다.
- 마리를 위한 식단을 짜기 위해 알아야 할 것들을 배워보자.
- 마리와 같은 아이들을 위해 '편식 하지 말자'라는 캠페인 활동도 같이 해보자.

(2) 문제해결을 위한 사전활동

<table>
<tr><th colspan="6">2차시</th></tr>
<tr><td>생활주제</td><td colspan="5">건강과 안전</td></tr>
<tr><td>주제</td><td>맛있는 음식과 영양</td><td>소주제</td><td>식품구성탑
(5대영양소)</td><td>활동유형</td><td>대소집단활동</td></tr>
<tr><td rowspan="2">활동명</td><td colspan="2" rowspan="2">마리의 영양사가 되어
식단 짜기</td><td rowspan="2">관련(통합)영역</td><td>주영역</td><td>신체운동 건강</td></tr>
<tr><td>부영역</td><td>자연탐구</td></tr>
<tr><td>활동목표</td><td colspan="5">• (지식) 식품구성탑이 무엇인지 안다.
• (기능) 가정에서 식품구성탑을 이용하여 식단을 짤 수 있다.
• (태도) 영양소의 중요성을 깨닫는다.</td></tr>
<tr><td>누리과정
관련요소</td><td colspan="5">• 신체운동 · 건강영역 〉 건강하게 생활하기 〉 바른 식생활하기
• 자연탐구영역 〉 탐구하는 태도 기르기 〉 탐구과정 즐기기</td></tr>
<tr><th colspan="5">학습내용</th><th>학습자원</th></tr>
<tr><td colspan="5">• 대그룹활동
- 식품구성탑 알아보기
- 식품구성 교구활동
• 개별학습
- 가정과의 연계
: 마리를 위한 식단을 가정에서 짜본다.</td><td>• 가정연계활동지
• 식품구성탑
• 식품구성 교구</td></tr>
<tr><th colspan="5">활동내용</th><th>준비물 및 유의점</th></tr>
<tr><td colspan="5">〈도입〉
1) 1차시 활동을 회상한다.
- 건강한 식단을 짜기 위해서 우리가 계획했던 것이 무엇이 있었지?

〈전개〉
2) 식품구성탑을 안다.
- 식품구성탑은 무엇일까?
- 식품구성탑에는 어떤 음식과 영양소가 있을까?</td><td>〈준비물〉
• 가정연계 활동지
• 색연필
• 사인펜
• 식품구성탑</td></tr>
</table>

3) 식품구성탑 층별로의 음식과 영양소를 안다.
  - 식품구성탑은 왜 층별로 탑을 만들었을까?
  - 층으로 되어있는 것은 '하루 동안 영양소들을 이 정도의 비율로 먹어야 해요.' 라고 말해주는 거야.
4) 영양소의 특징과 효능을 안다.
  - 그럼 1층은 왜 탄수화물일까?
  - 탄수화물은 다른 영양소보다 왜 많이 먹어야 할까?
  (탄수화물, 단백질, 지방, 비타민, 무기질, 칼슘)
5) 식품구성탑 교구활동을 한다.
  - 가장 넓은 부분은 어느 영양소일까?
  - 어떤 음식이 들어가야 할까?
  - 왜 그렇게 생각했니?

[Tip]

• 모든 유아들이 해 볼 수 있도록 수·조작 영역에 교구를 놓아준다.

6) 가정과 연계활동을 한다.
  - 배운 것을 이용해서 식품구성탑으로 마리를 위한 식단을 짜 보도록 하자.

〈유의점〉
• 식품구성탑을 참고로 하여 식단을 구성해 볼 수 있도록 지도한다.

- 잡지나, 신문에 있는 음식사진들을 붙여서 식단을 완성해보자.

<table>
<tr><td>마리의 영양사가
되어보아요.</td><td>건강한 식단은
무엇일까요?</td></tr>
<tr><td colspan="2">OO반 OOO
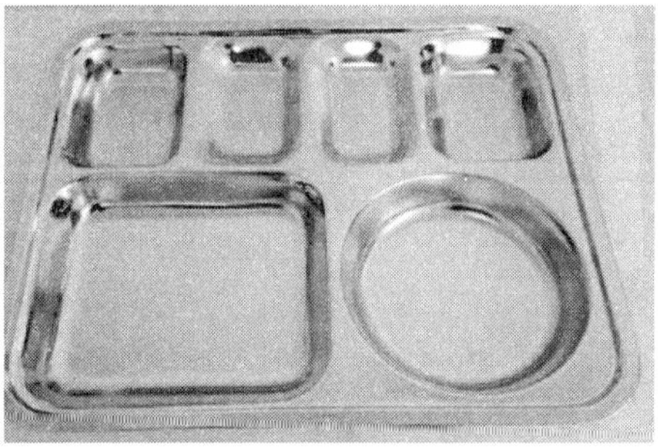</td></tr>
</table>

[가정연계활동지 예시]

7) 다음시간에 영양사를 초대한다.
   - 다음시간에 영양사를 초대해서 우리가 집에서 짜온 식단이 올바른지 물어보고 궁금한 것을 질문해 보는 시간을 갖자.

(3) 문제해결을 위한 전개활동

<table>
<tr><th colspan="6">3차시</th></tr>
<tr><td>생활주제</td><td colspan="5">건강과 안전</td></tr>
<tr><td>주제</td><td>맛있는 음식과 영양</td><td>소주제</td><td>건강한 식단</td><td>활동유형</td><td>대소집단활동</td></tr>
<tr><td rowspan="2">활동명</td><td colspan="2" rowspan="2">영양사 초대
영양소가 골고루 갖춘 식단 알아보기</td><td rowspan="2">관련(통합)영역</td><td>주영역</td><td>신체운동 건강</td></tr>
<tr><td>부영역</td><td>의사소통</td></tr>
<tr><td>활동목표</td><td colspan="5">• (지식) 5대 영양소를 안다.
• (기능) 영양소가 골고루 갖춘 식단으로 수정할 수 있다.
• (태도) 올바른 식습관을 가질 수 있다.</td></tr>
<tr><td>누리과정
관련요소</td><td colspan="5">• 신체운동·건강영역 〉 건강하게 생활하기 〉 바른 식생활하기
• 의사소통영역 〉 말하기 〉 느낌, 생각, 경험말하기</td></tr>
<tr><td colspan="5">학습내용</td><td>학습자원</td></tr>
<tr><td colspan="5">• 조사 공유하기
- 가정연계활동지 공유
• 대그룹 활동
- 영양사님을 초대하여 올바른 식단을 알아본다.</td><td>• 가정연계활동지</td></tr>
<tr><td colspan="5">활동내용</td><td>준비물 및 유의점</td></tr>
<tr><td colspan="5">〈도입〉
1) 가정연계활동지에 대해 이야기한다.
- 마리를 위한 식단을 짜보았니?
- 어떻게 식단을 짜 보았니?
- 식단을 소개해 볼까?

〈전개〉
2) 영양사를 초대한다.
- OO반이 식단을 짰다는 소식을 듣고 영양사님이 오셨어요.</td><td>〈준비물〉
• 가정연계활동지
• 영양사가 짠 식단
• 식품구성탑
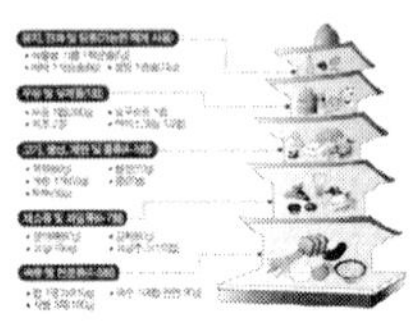</td></tr>
</table>

<table>
<tr>
<td>
3) 영양사님과 식단을 고쳐본다.
- 이 식단을 짠 친구는 누구니?
- 나와서 식단을 소개해 볼까?
- 이 식단은 탄수화물이 풍부한 식단이구나. 탄수화물이 많으면 우리 몸이 어떻게 변할까?
- 그럼 어떻게 식단을 고쳐보면 좋을까?

[Ti p]
• 유아들이 충분히 생각하고 활동할 수 있도록 시간을 여유 있게 계획한다.

4) 영양소가 골고루 갖춘 식단이 무엇인지 알려준다.
- 영양사님이 식단을 짜 보았어.
- 이 음식은 어떤 영양소가 들어 있을까?
- 우리의 식단은 5대영양소가 골고루 갖춘 식단으로 밥을 먹어야 해.

〈마무리〉
5) 활동을 회상하며 평가한다.
- 오늘 어떤 활동을 했니?
- 더 알아보고 싶은 것이 있니?
6) 다음 활동을 소개한다.
- 다음 활동으로는 올바른 식습관이 무엇인지 알아보고 편식을 하면 안 되는 이유에 대해 알아보자.
</td>
<td>
〈유의점〉
• 유아가 이해할 수 있도록 쉬운 단어를 사용하여 설명한다.
</td>
</tr>
</table>

<table>
<tr><th colspan="6">4차시</th></tr>
<tr><td>생활주제</td><td colspan="5">건강과 안전</td></tr>
<tr><td>주제</td><td>맛있는 음식과 영양</td><td>소주제</td><td>올바른 식습관</td><td>활동유형</td><td>대소집단활동</td></tr>
<tr><td rowspan="2">활동명</td><td colspan="2" rowspan="2">영양사 초대
올바른 식습관을 가져야 하는 이유 알기</td><td rowspan="2">관련영역</td><td>주영역</td><td>신체운동 건강</td></tr>
<tr><td>부영역</td><td>의사소통</td></tr>
<tr><td>활동목표</td><td colspan="5">• (지식) 올바른 식습관의 중요성을 안다.
• (기능) 자신이 궁금한 점을 질문할 수 있다.
• (태도) 올바른 식습관을 가질 수 있다.</td></tr>
<tr><td>누리과정
관련요소</td><td colspan="5">• 신체운동 · 건강영역 〉 건강하게 생활하기 〉 바른 식생활하기
• 신체운동 · 건강영역 〉 건강하게 생활하기 〉 건강한 일상생활하기
• 의사소통영역 〉 말하기 〉 느낌, 생각, 경험말하기</td></tr>
<tr><th colspan="5">학습내용</th><th>학습자원</th></tr>
<tr><td colspan="5">• 대그룹 활동
- 영양사를 초대하여 올바른 식습관을 가져야 하는 이유를 안다.</td><td>• 이야기 나누기 사진 자료</td></tr>
<tr><th colspan="5">활동내용</th><th>준비물 및 유의점</th></tr>
<tr><td colspan="5">〈도입〉
1) 전 시간의 활동을 회상한다.
- 전 시간에 영양사님과 어떤 활동을 했었니?
- 우리가 더 궁금해 했던 것이 무엇이었니?

〈전개〉
2) 편식을 하면 어떻게 되는지 이야기 나눈다.
- 편식을 하면 우리 몸이 어떻게 될까?
3) 유아시기에 골고루 먹는 습관이 중요한 이유를 설명한다.
- 우리는 어린이야. 어른이 되기 위해서는 다양하고 건강한 영양소가 필요해.
- 건강한 어른이 되기 위해서는 어떤 노력을 해야 할까?
4) 올바른 식습관이 우리 몸을 어떻게 변화시켜주는지 안다.
- 올바른 식습관을 갖게 되면 우리 몸은 어떻게 될까?
- 우리의 뼈가 튼튼해져서 키가 커지고 쉽게 다치지 않게 돼.
- 나쁜 병균을 막아주는 착한 균들이 생겨서 감기에 걸리지 않게 도와줘.
5) 유아들이 영양사에게 궁금해 했던 것들을 질문해 보는 시간을 갖는다.</td><td>〈준비물〉
• 이야기 나누기 사진 자료

〈유의점〉
• 유아들이 이해할 수 있도록 설명을 할 때에는 쉬운 언어를 사용한다.
• 사진자료를 함께 사용하여 유아들의 이해를 돕는다.</td></tr>
</table>

〈마무리〉 6) 활동을 회상하고 평가한다. - 올바른 식습관은 왜 중요할까? 7) 캠페인 활동을 할 것을 알려준다. - 다음시간에는 캠페인 활동을 하면서 마리와 같은 주변 친구들에게 올바른 식습관을 알려주는 캠페인 활동을 하자.	

(4) 문제해결안 정리 및 발표

<table>
<tr><th colspan="6">5차시</th></tr>
<tr><td>생활주제</td><td colspan="5">건강과 안전</td></tr>
<tr><td>주제</td><td>맛있는 음식과 영양</td><td>소주제</td><td>캠페인 활동</td><td>활동유형</td><td>대소집단활동</td></tr>
<tr><td rowspan="2">활동명</td><td colspan="2" rowspan="2">올바른 식습관 캠페인 활동</td><td rowspan="2">관련영역</td><td>주영역</td><td>의사소통</td></tr>
<tr><td>부영역</td><td>신체운동 건강
사회관계</td></tr>
<tr><td>활동목표</td><td colspan="5">• (지식) 캠페인이 무엇인지 안다.
• (기능) 캠페인 활동을 할 수 있다.
• (태도) 친구와 협력하는 태도를 기를 수 있다.</td></tr>
<tr><td>누리과정
관련요소</td><td colspan="5">• 신체운동·건강영역 〉 건강하게 생활하기 〉 바른 식생활하기
• 사회관계영역 〉 다른 사람과 더불어 생활하기 〉 공동체에서 사이좋게 지내기
• 의사소통영역 〉 말하기 〉 느낌, 생각, 경험말하기</td></tr>
<tr><td colspan="5">학습내용</td><td>학습자원</td></tr>
<tr><td colspan="5">• 대그룹 활동
- 캠페인 활동을 계획한다.
• 팀 활동
- 캠페인 포스터를 제작한다.
• 캠페인 활동
- 유치원에서 캠페인 활동을 한다.</td><td>• 캠페인 활동을 위한 자료</td></tr>
<tr><td colspan="5">활동내용</td><td>준비물 및 유의점</td></tr>
<tr><td colspan="5">〈도입〉
1) 캠페인 활동을 할 것을 알려준다.
- 유치원 친구들에게 '편식하지 말고 올바른 식습관을 가지자' 라는 캠페인 활동을 할 거야.

〈전개〉
2) 캠페인이 무엇인지 안다.
- 캠페인이 무엇인지 아니?
3) 캠페인 활동을 하기 위해서 무엇이 필요한지 안다.
- 캠페인 활동을 하기 위해서는 어떤 것들이 필요할까?</td><td>〈준비물〉
• 4절 도화지
• 사인펜
• 색연필
• 색종이
• 음식사진
• 캠페인 포스터</td></tr>
</table>

<table>
<tr>
<td>
4) 캠페인 포스터에 어떤 말들이 있어야 하는지 이야기한다.
- 포스터를 만들 때 포스터 안에 무엇이 들어가야 할까?
- 어떤 말을 적어야 할까?
- 어떤 그림이 있어야 할까?
5) 캠페인 포스터를 제작한다.
- 모둠별로 포스터를 만든다.

[Tip]
• 교사는 돌아다니며 유아들의 활동을 관찰하고, 상호작용한다.
- 더 필요한 재료가 있니?
- 선생님 도움이 필요하면 이야기하렴.
- OO이가 열심히 만들고 있구나.

6) 어떻게 캠페인 활동을 할 것인지 이야기한다.
- 우리가 유치원에서 어떻게 캠페인 활동을 할 수 있을까?
- 어떤 말을 해야 할까?
7) 유아들은 교실을 돌아다니며 캠페인 활동을 한다.

〈마무리〉
8) 활동을 회상하며 평가한다.
- 오늘 어떤 활동을 했니?
- 캠페인 활동을 하면서 느낀 점이 있니?
</td>
<td>
〈유의점〉
• 유아들이 질서를 지키며 캠페인 활동을 할 수 있도록 지도한다.
• 자신감을 가지고 캠페인 활동을 할 수 있도록 용기를 준다.
</td>
</tr>
</table>

활동 5

✣ 문제해결안 정리 및 발표과정에서 유아들 간 갈등이 일어난다면 어떻게 해결해야 할까요?

(예: 다른 팀의 결과물을 비난하거나, 참견하는 행동 등)

부록

❶ 유아 평가 – 성찰저널 활동지

❷ 교사 평가 – PBL 준비과정 체크리스트, PBL 각 단계별 성찰저널지

❸ 학부모 평가 – 학부모 답신지

1. 유아 평가 – 성찰저널 활동지

반 이름		유아 이름	
기록일	년 월 일	PBL 문제 주제	

◆ PBL 수업을 되돌아 보아요.

문제해결을 통해 무엇을 알게 되었나요?
우리가 발견한 문제해결 방법보다 더 나은 방법은 무엇일까요?

문제해결 과정에서 나는 어떤 역할을 했나요?

2. 교사 평가 1 – PBL 준비과정 자가점검표

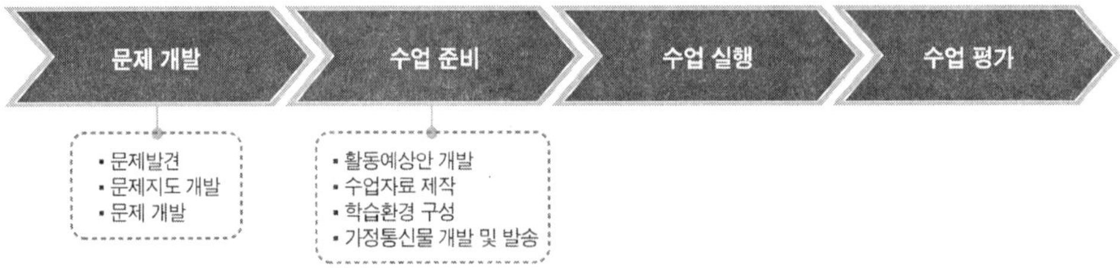

PBL 과정은 문제 개발-수업 준비-수업 실행-수업 평가의 4단계로 구성된다.
교사는 문제 개발과 수업준비를 하는 PBL 준비과정을 평가하기 위해 스스로 점검해 보고 보안점이나 개선점을 파악하고 있어야 한다.

◆ PBL 수업 준비과정을 점검해 봅시다.

반 이름		교사 이름	
기록일	년　　월　　일	PBL 문제 주제	

* 5점: 매우 잘함, 4점: 잘함, 3점: 보통, 2점: 부족함, 1점: 매우 부족함 (총점이 36점 이하일 경우, 준비과정 재점검)

구 분		내 용	1	2	3	4	5
1	PBL 절차에 대한 이해	문제 제시-문제해결을 위한 사전활동-문제해결을 위한 전개활동-문제해결안 정리 및 발표-수업 평가의 단계로 이어지는 PBL 절차를 이해하였다.					
2	비판적 문제 분석	유아가 이미 알고 지식과 경험 바탕으로 문제 내용을 비춰보고 자세히 살펴보았다.					
3	문제의 핵심 파악	문제에 등장하는 주인공의 입장에서 문제 상황을 인식하고, 문제에서 요구하는 핵심 내용을 정확히 이해할 수 있게 개발하였다.					

4	문제 개발을 위한 적극성	문제 개발과 관련 수업자료 탐색을 충분히 하였다.					
5	학습 목표 도출	제시된 문제를 해결하기 위해 핵심 지식과 활동을 분류하고 학습목표를 세웠다.					
6	문제해결안	문제를 해결하기 위한 생각들을 고려하여 제시하였다.					
7	알고 있는 사실들	주어진 문제로부터 알 수 있는 사실, 관련 경험들을 정리할 수 있게 제시하였다.					
8	알아야 할 사항들	문제해결을 위해 꼭 알아야 할 지식, 기술, 태도 등이 무엇인지 분류하고 정리할 수 있게 제시하였다.					
9	수업계획안 작성	유아의 의견이 반영된 수업계획안을 작성하였다.					
총 점							

3. 교사 평가 2 – PBL 각 단계별 성찰저널지

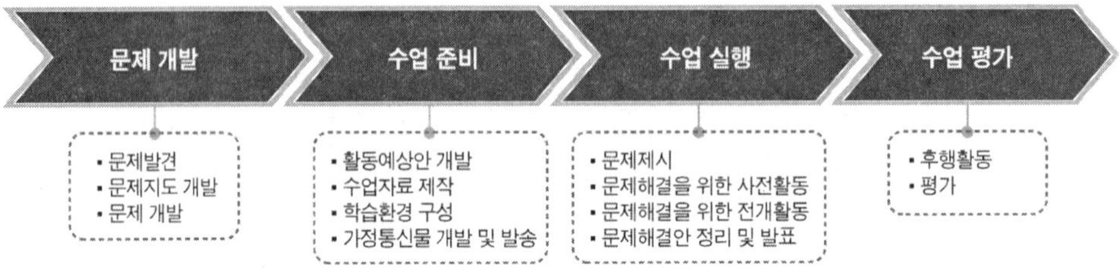

◆ PBL 수업 각 단계별 과정을 성찰해 봅시다.

반 이름		교사 이름	
기록일	년 월 일	PBL 문제 주제	

단 계	항 목	성찰하고 개선할 점 (감정, 생각, 활동계획, 유아흥미 등)
문제 개발	문제 발견	
	문제지도 개발	
	문제 개발	
수업 준비	활동예상안 개발	
	수업자료 제작	
	학습환경 구성	
	가정통신문 개발 및 발송	

단 계	항 목	성찰하고 개선할 점 (감정, 생각, 활동계획, 유아흥미 등)
수업 실행	문제제시	
	문제해결을 위한 사전활동	
	문제해결을 위한 전개활동	
	문제해결안 정리 및 발표	
수업 평가	후행활동	
	평가	

4. 학부모 평가 – 학부모 답신지

PBL 활동 포트폴리오에 대한 학부모 평가

<table>
<tr><td>유아명</td><td></td><td>부모
성명</td><td></td><td>날짜</td><td></td></tr>
<tr><td colspan="6">☺ 작성 및 활용하는 방법
1. 포트폴리오를 자녀와 함께 살펴보면서 경험담을 들어주세요.
2. 자녀와 함께 포트폴리오를 보시고 부모님의 소감을 간단하게 기록해 주세요.
3. 아래의 학부모님께서 답신하신 내용을 참조하여 유아를 지도하겠습니다.</td></tr>
<tr><th colspan="3">질문내용</th><th colspan="3">답 변</th></tr>
<tr><td colspan="3">1. 자녀의 평가정보에 대한 전반적인 생각은 어떻습니까?</td><td colspan="3"></td></tr>
<tr><td colspan="3">2. 자녀에 관한 평가 정보 중에서 새롭게 알게 된 부분, 의미 있었던 부분은 무엇입니까?</td><td colspan="3"></td></tr>
<tr><td colspan="3">3. 포트폴리오 평가의 내용 중에 중요한 정보가 빠져 있다면 무엇입니까?</td><td colspan="3"></td></tr>
<tr><td colspan="3">4. 교사가 유아를 지도할 때 참고할 내용이 있다면 무엇입니까?
(교사에게 부탁하고 싶은 점)</td><td colspan="3"></td></tr>
</table>

참 고 문 헌

〈국내 문헌〉

강명희, 송윤희, 박성희(2008). 웹 기반 문제중심학습에서 메타인지, 몰입, 상호작용과 문제해결력의 관계. 교과교육학연구, 12, 293-315.

강문숙, 박수홍, 김두규(2012). 예비 유아교사의 문제해결력 증진을 위한 블렌디드 PBL프로그램 개발. 교사교육연구, 51(3), 333-352.

강인애, 정준환, 정득년(2007). PBL의 실천적 이해. 서울: 문음사.

강현경(2015). 유아생활지도 교과목에서의 문제중심학습(PBL)의 적용 효과. 어린이문학교육연구, 16(2), 539-561.

고지민, 서혜정(2016). 문제중심학습(PBL) 기반 유아사회교육 교과목 운영에서 예비교사의 협력학습에 대한 질적 연구. 한국유아교육· 보육복지학회 학술발표대회 논문집, 139-145.

교육과학기술부(2012). 지속가능발전을 위한 녹색성장교육 정착 · 확산 방안.

김선구, 이대균(2011). 예비 유아교사의 유아과학교육을 위한 PBL 교수학습 모형의 개발 및 효과. 유아교육연구, 31(2), 283-310.

김선구, 이현정(2011). PBL 교수학습을 적용한 예비 유아교사를 위한 유아과학교육 수업의 효과. 영유아교육연구, 14, 57-73.

김성희(2016). PBL 기반 유아과학교육이 예비유아교사의 과학적 태도, 과학교수 효능감, 문제해결능력에 미치는 효과. 한국교육문제연구, 34(3), 199-216.

김용진, 강복수, 이충기, 박정한(2000). PBL의 이론과 실제. 한국의학교육, 12(1), 1-14.

김인식, 황원철(2002). 문제 중심 학습 이론의 현장 적용 방안과 교사의 역할. 교육이론과 실천, 12(1), 93-119.

나지연(2017). 문제중심학습(PBL) 수업이 예비 유아교사의 교사효능감에 미치는 영향. 사고개발, 13(1), 27-48.

남궁선혜, 임진형(2006). 유아예비교사를 위한 교과교육론 PBL 수업설계 적용 연구. 육아지원연구, 1(1), 67-93.

노진형(2011). 유아과학교육 강좌에서 문제중심학습(PBL)에 대한 예비교사의 경험. 아시아교육연구, 12(1), 93-117.

박인우(1996). 학교교육에 있어서 구성주의 교수원리의 실현 매체로서 인터넷 고찰. 교육공학연구, 12(2), 81-99.

백은주(2016). 누리과정 내용의 PBL '유아과학교육'에 참여한 예비유아교사의 과학교수 효능감 및 태도. 어린이미디어연구, 15(2), 1-20.

_____(2017). 누리과정 내용의 PBL 유아과학교육. 경기도: 공동체.

서혜정(2010). 유아교사들의 대학수업 경험을 통한 유아교육전공 실무 능력 향상 PBL 수업모형 개발. 한국유아교육. 보육복지연구, 14, 313-345.

_____(2012). 예비 유아교사의 PBL 수업체험에 관한 현상학적 연구. 유아교육학논집, 16(2), 235-264.

서혜정, 서영숙, 김진숙(2010) 예비 유아교사의 아동권리 감수성 증진을 위한 PBL의 효과. 한국유아교육 보육행정연구. 14(1), 85-116.

송윤나, 박희숙(2017). 4차 산업혁명 기반 유아교육에 대한 유아교사의 인식과 교사교육 요구도에 관한 연구. 학습자중심교과교육연구. 17(13), 65-90.

양영선(1994). 학습과 지식의 재개념화에 의한 교수설계이론의 인식론적 고찰. 교육학연구, 32(5), 129-150.

우경애, 김세곤(2014). PBL적용수업에서 예비 유아교사의 SNS활용이 플로우(FLOW)와 문제해결력에 미치는 영향. 한국교육보육지원학회지, 10(6), 165-184.

이명순(2013). 유아교사 양성을 위한 교수법 찾기. 교육인류학연구, 16(3), 31-56.

임진형, 박은혜(2012). 유아교원양성과정에서 문제중심학습(PBL)적용 실행과정 탐색. 열린유아교육연구, 17(1), 139-167.

장정아(2005). 문제기반학습 실행을 위한 교수자 역할에 대한 이론적 탐색. 교육발전연구, 21(1), 101-124.

정미라, 배소연, 이영미(2012). 건강 및 영양교육 (영유아를 위한). 파주: 양서원.

조순옥, 이경화, 배인자, 이정숙, 김정원, 민혜영(2016). 유아사회교육. 서울: 창지사.

조연순(2006). 문제중심학습의 이론과 실제. 서울: 학지사.

주영주, 김동심(2015). 3P모형을 통한 영재의 메타인지, 상호작용, 문제해결력, 성취도 간 구조적 관계 분석. 영재교육연구, 25(1), 161-177.

지옥정(2017). 유아교육현장에서의 프로젝트 접근법(4판). 서울: 창지사.

최봉선(2007). 문제 중심 학습 수업이 유아예비교사의 자기주도 학습에 미치는 영향. **경희대학교 교육문제연구소 논문집**. 23(1), 85-107.

_____(2009). PBL 기반 구성주의적 유아 교육 프로그램의 개발 연구. **아동교육**, 18(1), 267-283.

최정임, 장경원(2010). PBL로 수업하기(1판). 서울: 학지사.

____________(2015). PBL로 수업하기(2판). 서울: 학지사.

〈국외 문헌〉

Albanese, M. A., & Mitchell, S. (1993). Problem-based learning: a review of literature on its outcomes and implementation issues. *Academic Medicine, 68*(1), 52-81.

Ashton, P. (1984). Teacher efficacy: A motivational paradigm for effective teacher education. *Journal of teacher Education, 35*(5), 28-32.

ATC21S(2010). Policy Framework for New Assessments from https://atc21s.org/

Barrows, H. S. (1985). *How to design a problem-based curriculum for the preclinical years.* NY: Springer Publishing Co.

Barrows, H. S. (1996). Problem based learning in medicine and beyond: A brief overview. *New Directions for Teaching and Learning, 1996*(68), 3-12.

Barrows, H. S., & Myers, A. C. (1993). Problem-based learning in secondary schools. Unpublished monograph. Springfield, IL: Problem-Based Learning Institute, Lanphier High School and Southern Illinois University Medical School.

Bredekamp, S., & Rosegrant, T. (1992). *Reaching Potentials: Appropriate Curriculum and Assessment for Young Children. Volume 1.* National Association for the Education of Young Children, 1509 16th St., NW, Washington, DC 20036-1426.

Brown, L. J. (1988). Helping children learn to solve problems. *Day Care and Early Education, 16*(2), 26-30.

Bruner, J. (1990). *Acts of meaning Cambridge,* MA: Harvard University Press.

Chard, S. C. (1994). *The project approach: A second practical guide for teachers.* Instructional Technology Centre, Faculty of Education, University of Alberta.

Dewey J. (1916). *Democracy and education,* NY: The Free Press, MacMillan.

Edwards, S., & Hammer, M. (2006). Laura's story: Using problem based learning in early childhood and primary teacher education. *Teaching and Teacher Education, 22*(4), 465-477.

Eggen, P. & Kauchak, D. (2001). *Educational psychology: Windows on classrooms.* NJ: Prentice Hall Inc.

Gibson, S., & Dembo, M. H. (1984). Teacher efficacy: A construct validation. *Journal of educational psychology, 76*(4), 569.

Hadwin, A., &Oshige, M. (2011). Self-regulation, coregulation, and socially shared regulation: Exploring perspectives of social in self-regulated learning theory. *Teachers College Record, 113*(2), 240-264.

Finkle, J., & Torp, L. (1995). Problem-based learning. IL: Illinois Math Academy.

Jonassen, D.H. (2000). Toward a design theory of problem solving. Educational Technology: *Research & Development, 48*(4), 63-85.

Katz, L., & Chard, S. C. (1993). The project pproach. In Jaipaul L. Roopnarine & James E. Johnson, *Approaches to early childhood education* (2nd ed), 209-222.

Koehler, M., & Mishra, P. (2009). What is technological pedagogical content knowledge (TPACK)?. *Contemporary Issues in Technology and Teacher Education, 9*(1), 60-70.

Larmer, J., & Mergendoller, J. R. (2010). Seven essentials for project-based learning. *Educational Leadership, 68*(1), 34-37.

Larmer, J., & Mergendoller, J. R. (2012). PBL: 8 essentials for project-based learning. *Buck Institute for Education.* Retrieved from http://bie.org/object/document/8_essentials_for_project_based_learning

Larmer, J., & Mergendoller, J. (2015). *Why We Changed Our Model of the "8 Essential Elements of PBL".* CA: The Buck Institute for Education.

Levin, B. B. (Ed.). (2001). *Using problem-based learning in teacher education.* VA: ASCD.

Ray, L., Mitchell Chries, Abel, L., Lawson Emilly, Hancock Bryan & Watson Allison. (2012). Why the Human Capital Function Still Has Far to Go (Research Report R-1501-12-RR). NY: Mckinsey & The Conference Board.

McClelland, M. M., Acock, A. C., & Morrison, F. J. (2006). The impact of kindergarten learning-related skills on academic trajectories at the end of elementary school. *Early Childhood Research Quarterly, 21*(4), 471-490.

OECD(2005). Definition and Selection of Competencies (DeSeCo) from http://www.oecd.org/education/skills-beyond-school/definitionandselectionofcompetenciesdeseco.htm

Piaget, J. (1972). Intellectual evolution from adolescence to adulthood. *Human Development, 15*(1), 1-12.

Popper, K. R. (1999). All life is problem solving. Psychology Press.

Ray, L. (2011). Employee Engagement in a VUCA World: A review of current research and its implications. NY: The Conference Board.

Savery, J. R., & Duffy, T. M. (1995). Problem based learning: An instructional model and its constructivist framework. *Educational Technology, 35*(5), 31-38.

Schmidt, H. G. (1983). Problem based learning: Rationale and description. *Medical education, 17*(1), 11-16.

Schmidt, H. G. (1993). Foundations of problem based learning: some explanatory notes. *Medical Education, 27*(5), 422-432.

Scheiman, M . , Whittaker, S., & Dell, W. (1989). Problem based learning as a potential teaching approach: A literature review. Journal of Optometric Education, 15(1), 8-15.

Torp, L., & Sage, S. (1998). *Problems as possibilities: Problem-based learning for K-12 education.* VA: Association for Supervision and Curriculum Development.

Torp, L., & Sage, S. (2002). *Problems as possibilities: Problem-based learning for K-16 education(2nd ed.).* VA: Association for Supervision and Curriculum Development.

Vygotsky, L. (1978). *Interaction between learning and development. Readings on the Development of Children, 23*(3), 34-41.

Walton, H. J., & Matthews, M. B. (1989). Essentials of problem based learning. *Medical education, 23*(6), 542-558.

Wells, Robert E. (2010). 북극곰의 집이 녹고 있어요! (김명남 역). 서울: 시공주니어. (원서출판 2008).

World Economic Forum. (2016). *The future of jobs: Employment, skills and workforce strategy for the fourth industrial revolution.* Geneva, Switzerland: World Economic Forum.

Zimmerman, B. J. (2008). Investigating self-regulation and motivation: Historical background, methodological developments, and future prospects. *American Educational Research Journal, 45*(1), 166-183.

〈인터넷〉

Auburn Early Education Center: https://www.youtube.com/watch?v=UVpIU6L_mJ8

Hathaway Brown School: http://www.hb.edu/

Illinois Mathematics & Science Academy: https://www.imsa.edu/

'북극곰의 눈물'동영상: https://www.youtube.com/watch?v=q33fIAE5VOo

저 / 자 / 소 / 개

■ **박남수**(Park, Namsu)

이화여자대학교 일반대학원 교육공학과 (박사수료)

현) 인천재능대학교 유아교육학과 외래교수

놀이터교육연구소 소장

■ **김동심**(Kim, Dongsim)

이화여자대학교 일반대학원 교육공학과 (박사)

한국교육개발원 연구원

현) 인하대학교 교수학습개발센터 연구교수

■ **강은영**(Kang, Eunyoung)

가천대학교 일반대학원 유아교육학과 (박사)

인천재능대학교 유아교육학과 외래교수

현) 가천대학교 교육대학원 유아교육학과 외래교수

■ **정애경**(Chung, Aekyung)

이화여자대학교 일반대학원 교육공학과 (박사)

현) 인천재능대학교 유아교육학과 교수 (학과장)

한국인터넷방송통신학회 수석이사

교원양성기관 평가 평가위원

고등직업교육평가인증원 평가위원

학사학위 전공심화과정 평가위원

교육과학기술부 전문대학 교수학습센터 및 교수학습연구대회 심사위원

유아교육현장에서의
문제기반 학습법

1판 1쇄 인쇄 — 2018년 2월 23일
1판 1쇄 발행 — 2018년 2월 28일

저　　자 - 박남수 · 김동심 · 강은영 · 정애경
발 행 인 - 강 철 원
발 행 처 - 양 성 원
주　　소 - 경기도 파주시 검산로 173번길 29-20
전　　화 - 031-946-3861(代)
팩　　스 - 031-946-3864
이 메 일 - tnwpub@naver.com
홈페이지 - tnwpub.co.kr
출판등록 - 2015년 8월 31일 제 2015-000211 호

ISBN 979-11-6126-109-6

정가 17,000원